超级运营术

韩叙 / 著

中信出版集团 · 北京

图书在版编目（CIP）数据

超级运营术 / 韩叙著 . -- 北京：中信出版社，
2017.5 (2022.7重印)
ISBN 978-7-5086-7046-1

I. ① 超… II. ① 韩… III. ①电子商务—运营管理
Ⅳ. ①F713.365.1

中国版本图书馆 CIP 数据核字（2016）第 277343 号

超级运营术

著　　者：韩　叙
策划推广：中信出版社
出版发行：中信出版集团股份有限公司
（北京市朝阳区惠新东街甲 4 号富盛大厦 2 座　邮编　100029）
承 印 者：北京通州皇家印刷厂

开　　本：880mm×1230mm　1/32　　印　　张：10　　字　　数：210 千字
版　　次：2017 年 5 月第 1 版　　印　　次：2022 年 7 月第11次印刷
书　　号：ISBN 978-7-5086-7046-1
定　　价：49.00 元

目 录

第三章 内容运营

第四章 活动运营

第五章 社区运营

第六章　用产品思维做运营

第七章　运营进阶的建议

第八章　团队组建和管理

序 言

我们都是运营人

从自己过去 10 年的运营从业经验，以及最近一年与读者朋友的交流中，我总结出目前大多数运营从业者的一个特点：迷茫。这主要体现在以下两个方面。

首先，没有成熟的运营工作方法做参考。很多运营从业者不知道应该怎么做和为什么这么做，不能系统地思考并做出整体规划，只能盲目地做一些琐碎的、人云亦云的运营工作，而且大部分情况下都在配合别人，自身的价值无法体现。

其次，缺乏清晰的职业方向。很多运营从业者不知道运营的前景如何，是否值得坚持下去；如果坚持，也不知道该提升自己哪方面的能力，以及如何提升。

可能有人会问，这些问题难道上级不能给予指导吗？不一定。虽然互联网行业内人才辈出，但真正做过几年运营工作、系统经历过若干完整项目的人并不多。在视野和经验都不足的情况下，无论是谁，都很难给他人提供足够有说服力的指导。

之所以会出现这样的问题，根本原因是目前运营领域没有权威的理论体系，大家对运营的概念、职责类型、工作内容以及产生的价值等没有统一的认知。这和运营所处的相对落后的发展阶段有关系。运营人员在团队内大多属于辅助或补充角色，话语权不高，薪资标准也低，这势必影响优秀人才的加入，而优秀人才的缺乏反过来又会制约这个群体的进步，形成了恶性循环。

针对这个现状，我愿意跟大家分享自己对运营的粗浅认知和经验。如果这本书有幸能对大家的工作有指导作用，或者能拓宽大家对运营的认知，那也是我的幸运。

关于本书

做一个产品，需要确定卖点是什么，写一本书也是一样的。按照运营的思路，我从如下三点介绍这本书。

这本书的定位是什么?

这是一本有关互联网运营的书，核心内容是实操性很强的运营方法论。

目标读者是哪些群体?

目标读者包括两部分人群。首先是互联网运营从业者，包括未入行或刚入行的从业者，也包括已有几年经验的运营同行。相信对于同一篇内容，处于不同职业发展阶段的运营人员的理解是不同的。其次是非互联网从业者，但对运营感兴趣，希望了解和学习运营的朋友。

与同类书相比，这本书有什么差异化?

我认为，这本书很细致地讲述了运营方法，实操性非常强。关于运营的道理，大家都懂，但是否对运营有细致的理解，能否形成运营体系，以及能否达成最终的运营目标，就另当别论了。

另外，这本书的逻辑性较强，可以在阅读的时候尝试做笔记。阅读完一个章节之后，可以通过画脑图的方式来梳理思路，这是一种很好的阅读方法。

关键词：概念、方法和进阶

《超级运营术》共分为三个部分，关键词分别是概述、方法和进阶。

第一部分是第一章，讲述我对运营的理解，包括运营的概念、分类和价值，以及通过身边同行的真实案例，展望了运营从业者的前景。

第二部分是第二章至第六章，讲述运营的方法论，按照常见的分工，分别从用户运营、内容运营、活动运营、社区运营和产品运营的角度展开。

第三部分是第七章，讲述运营进阶时会遇到的问题，包括运营在四个职业发展阶段将面临的机会和挑战，以及运营团队的组建和管理。

希望这本书可以对大家有所帮助。希望通过这本书，更多的人能对运营的整体概况有全面和系统的认识，掌握每个具体的运营领域的工作方法，以及确立自己未来的职业发展方向。

最后，我分享两段简短的对话给大家。提问者是一位互联网前辈，回答者是我。

问：对于运营人员来说，你认为什么最重要？只能说一点。

答：对于人性的理解。

问：对于运营新人来说，你认为什么最重要？也只能说一点。

答：掌握思考和做事的方法。

第一章

运营概述

一句话重新定义运营

关于互联网运营的概念，人们经常提到以下三个有代表性的观点：

- 产品负责“生孩子”，运营负责“养孩子”。
- 运营就是维护用户和做活动。
- 运营为产品赋予灵魂。

这些观点或者仅从产品和运营的关系这一角度展开，或者局限于执行环节，又或者从抽象价值出发，都不能充分和全面地解释运营。

想更深刻地理解运营，就要分析它的价值。假设团队中没有运营这个角色，那么仅仅靠PM（Product Manager，产品经理）和RD（Research and Development，研发人员）完成产品开发和上线，就会有源源不断的用户访问吗？就可以形成社区氛围和内容调性吗？当然不是。

与PM和RD等角色一样，运营也是服务于产品的，其目标也是为了把产品做得更好。不同的是，运营关注的是用户群体，需要用运营手段吸引用户，并提高用户使用产品的频次，甚至爱上这一产品。运营在产品和用户之间起到连接纽带的作用，并且促进产品和用户互相拉动。

因此，我们可以总结出运营的概念：运营是为了实现用户和产品更好的连接，达到产品的最终目的，围绕用户、内容、品牌等展开的一系列行为。从这个角度来说，运营对于产品的价值如图 1–1 所示。

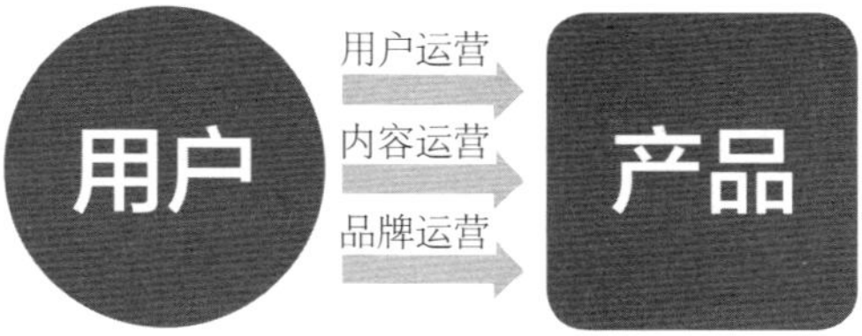

图 1-1 运营的价值

错综复杂的运营分类

关于运营的分类，目前尚未形成一个权威和统一的认识。我认为运营应该从产品和职能两个角度来划分（见表 1-1）。

表 1-1 运营的分类

按产品分类	按职能分类
用户产品运营	用户运营
商业产品运营	内容运营
电商产品运营	活动运营
	社区运营
	品牌运营
	渠道运营
	商户运营
	电商平台运营
	新媒体运营

客观来说，我们很难严谨地定义这些分类，难免会有遗漏。同时，由于公司规模和所在行业的差异，不同运营类型的工作内容会存在交叉。比如，很多公司并不设置用户运营这一细分职位，而是采取粗犷型

分工，用户运营、内容运营、活动运营都属于同一个人或同一类职位的工作内容。

分工是精细还是粗犷，取决于公司规模、发展阶段和业务构成，没有绝对的好坏之分。精细分工有利于员工在明确的范围内深耕细作，也是把产品做到更大量级的重要条件，但与此同时，也增加了人力、沟通和管理方面的成本。粗犷分工让团队的组织架构变得更简单，沟通协作的成本更低，员工可以经手更多的工作内容，新人有机会学习和感受更多业务知识。它的缺点也很明显：每个人的精力是有限的，身兼多职就很难把工作做精做透。

以下是我总结的各类运营的定义。

按产品分类

• 用户产品运营：用户产品以用户增长为目标，是相对于商业产品而言的。运营的核心集中在用户身上，关注的指标是DAU（日活跃用户数量）、PV（页面浏览量）/UV（网站独立访客）、UGC（用户原创内容）数量、互动量等数据。

• 商业产品运营：商业产品以商业变现或服务客户为目标，运营关注的指标是现金收益或资源置换。这一类运营常见于拥有海量用户的产品，或B端（business，商家）产品。

通常，以上两类分工会出现在同一个团队中。目前，越来越多的产品既关注用户活跃度，又需要变现盈利。比如微博、知乎、百度贴吧，它们都分别设置类似的分工，有人负责赚钱，有人负责扩大用户规模。

• 电商产品运营：用户产品关注活跃度，商业产品关注变现能力，电商产品的核心则是卖东西。具体怎么卖，要看所在产品的模式，比如淘宝是商户运营，京东是平台运营，下文会具体介绍这两种运营类型。

按职能分类

用户运营：构建用户运营体系，通过拉新、促活跃和留存的方式，提升用户的活跃度和忠诚度。

内容运营：通过生产和重组内容的方式，满足用户的内容消费需求，提升用户活跃度和忠诚度。

活动运营：策划线上或线下活动，旨在对产品的核心指标有快速和大幅提升。

品牌运营：以产品品牌为核心，目的是提升品牌的知名度、认知度和美誉度。

社区运营：专指社区产品的运营工作，通过用户运营、内容运营、活动运营等运营方式，提升社区活跃度。

渠道运营：目前多出现在移动产品的运营环节，通过合作或换量的方式，为产品带来新增用户。

商户运营：与用户运营类似，不同的是运营对象是B端商户，负责日常运营、流程管理和需求搜集等。

电商平台运营：包括面向个人的类目运营和面向企业的开放平台运营。

新媒体运营：以微博、微信、百度贴吧、今日头条等平台为运营主体，以品牌推广或拉新为目标的运营措施。

从上述分类可以看出，运营涉及的领域多，涵盖范围广，每一个类别都像一个单独的行业，涉及不同类型的产品，需要不同的运营技能。因此，除非特殊说明，本书所讨论的运营均置于用户产品这一维度下，本书涉及分类如表1–2所示。

表 1–2　本书涉及的运营分类

按产品分类	按职能分类
用户产品运营	用户运营
	内容运营
	活动运营
	社区运营

运营的三个核心价值

虽然运营人员都扛着KPI（关键绩效指标），但运营之于产品的价值并不局限于核心指标的提升，指标提升只是运营价值的一种表现形式。运营的价值可以从传递产品价值、打造产品生态和创造玩法这三个方面来描述。

传递产品价值：将产品的核心价值通过运营手段传递给用户

产品的核心价值，即用户选择使用这个产品的理由，也就是产品的差异化和核心竞争力，在运营阶段已经存在，很难做出调整和改变。而且，即使产品满足了用户多个场景的需求，其背后的核心价值也只有一个。

运营人员要做的就是通过各种方法和渠道，凸显和放大产品的核心价值，并以用户更容易理解和接受的形式展现出来。比如，团购的核心竞争力是价格，滴滴的核心竞争力是快捷，知乎的核心竞争力是优质内容，那么运营人员就需要分别把低价、快捷和优质内容这些信息传递给用户。

产品的核心价值如何通过运营策略传递给用户？下文将借助三个案例进行具体分析。

案例 1　知乎

知乎是提供优质内容的社区，并非社交产品，所以优质内容是其核心价值。我们不难发现，知乎的产品和运营机制都是为了更好地产出优质内容，并展现给感兴趣的用户。这正是对核心价值的传递。

如何让优质内容为知乎带来最大化收益，这是运营需要面对的重要问题之一。如果内容只在知乎站内传播，覆盖的用户和影响力有限，即使扩展到微博和微信这样的新媒体，效果也不够理想。如果无法突破这一限制，不仅产品价值得不到很好的展现，对贡献用户的激励也会有“天花板”。

知乎的解决办法是通过知乎日报、读读日报这样的独立产品，以及EDM（电子邮件营销）、图书、电子杂志等多平台和多样化的内容传播渠道（见图1–2），对优质内容进行更充分的传播，覆盖更大的用户量。

虽然有一些内容消费用户不是知乎的注册用户，但是上述运营方式可能会将这些外延用户转化为注册用户。更重要的是，对于贡献用户来说，这也是一种很好的激励方式。看到自己的名字和内容出现在各个阅读平台上，用户的个人荣誉感必然会高涨。

图 1–2 知乎的内容传播渠道

案例 2 百度百科

百度百科的定位是中文百科全书。既然定位是“书”，产品的核心价值就是权威性。围绕这一点，百度百科联合各领域的专业人士推出了“权威词条”，比如，与国家卫生和计划生育委员会合作推出的医疗行业词条（见图 1–3），与中国书法家协会合作推出的艺术类词条，与中国科学技术协会推出的科学类词条。从内容上来看，这些专业人士的参与，保证了词条的专业性。从运营效果来看，专业机构的背书提升了词条内容的可信度，强化了用户对百度百科权威性的认知。

这个项目完全是由运营人员发起并执行的，对外需要洽谈合作和沟通需求，对内需要协调资源和跟进产品，实际操作过程十分复杂。

图 1-3　百度百科词条

百度百科还做了一个名为“数字博物馆”的项目（见图 1-4）。为了更便捷地传播权威知识，百度百科和全国 217 家博物馆合作，将馆内的展品通过语音讲解、3D（三维）全景、虚拟体验等技术在线上展现，让用户在家“逛”博物馆。这种方式增加了趣味性、主题性，增强了用户的访问意愿，也加深了用户对产品权威性的认知。

图 1–4　百度“数字博物馆”

因为这种方式的效果不错，百度百科又在其他领域进行了尝试，与北京植物园、北京动物园合作，在每个动植物名牌上增加百度百科的二维码，扫描即可查看其词条页面（见图 1–5）。这一运营手段的价值在于打通了线上产品功能和线下使用场景，也起到了引导用户如何使用产品的作用，开辟了一个新的传递产品价值的渠道。

图 1–5　百度百科植物二维码

案例3 美团

对于团购产品来说，低价就是核心价值，至少现阶段的策略如此。美团用低于市场价的方式去拉新，用户就会出于同样的原因使用美团，所以美团的产品页面上就会出现“一元”、“特价”、“五折”这样的字眼（见图1–6）。这是运营人员围绕价格优惠这一核心价值采取的补贴策略，或联合商家做的促销活动。

图1–6 美团页面

打造产品生态：建立并维护用户贡献内容和消费内容的生态闭环

对于用户产品来说，不仅要有用户贡献内容，还要有用户去消费内容（浏览内容）。因为用户消费内容及由此带来的互动，是对贡献用户最基本的激励。如果这一点能做好，无须太复杂的激励体系，贡献用户就会持续贡献内容。除此之外，已有用户还会吸引新的贡献用户，就像滚雪球一样，贡献用户量越滚越大。

同样，贡献用户越多，产品的内容就会越丰富，就越能满足更多浏览用户的需求，所以浏览用户的数量也会增加。

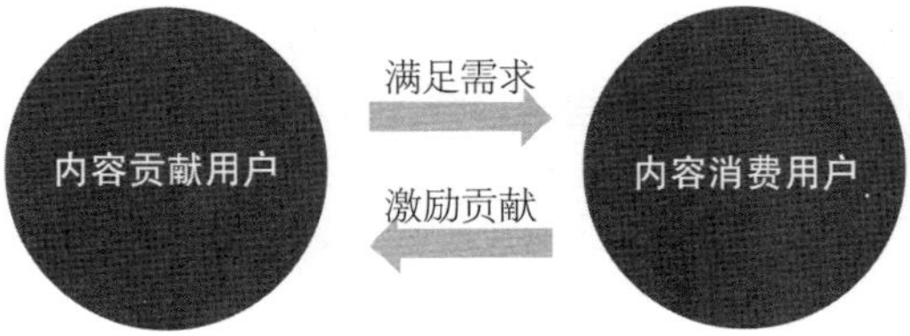

图 1–7　贡献用户闭环

电商类产品也存在这样的闭环。比如对于平台类电商来说，商户和消费者就是互相制约和促进的，道理类似于上面提到的贡献用户闭环（见图 1–7）。

案例 1　百度贴吧

如果你是百度贴吧的运营人员，你认为百度贴吧应该怎么运营？

如果只关注百度贴吧的用户产品方向，不考虑商业变现问题，百度贴吧的运营实际上是对吧主的运营。吧主作为核心用户，运营和管理着一个个贴吧。虽然这些核心用户管理的只是少数贴吧，但其浏览量和发帖数占据了绝大部分比重，对整个贴吧有支撑作用。

再进一步分析，百度贴吧的吧主运营，站在全吧的角度看，就是维护和监控大型吧（如帝吧、魔兽世界吧），扶植潜力吧（如正能量吧），根据热点建立新吧并推广（如两会吧），打造全吧“生老病死”的全部生态（关于社区运营，第五章将详细论述）。

以上是策略，具体的运营手段是通过运营吧主完成的。百度贴吧按照用户基数、活跃度和行业特性分为重点类目和一般类目。对重点类目进行精细化运营，各类目有专门的运营人员负责，除了维护吧主关系之外，运营人员也会根据行业特性推进产品迭代和活动策划。对一般类目采取放养式管理，由吧主自主运营，运营人员只负责接受反馈和功能申请。

案例 2　猫眼电影

内容贡献和消费的生态不只是简单的两个人群之间的循环，还有可能变成复杂的多个人群之间的循环，这就是用户分层。用户分层的运营模式不只是为了精细化运营，也是为了打造用户生态循环。

以猫眼电影为例，越来越多的用户在页面上评分、写影评、互动讨论，如果把这部分用户作为运营的主体，就可以按照用户特征和需求，将其分成不同的层级。不同层级的用户特点、需求、带给产品的收益都不同，所以运营方式也不一样（见图 1–8）。

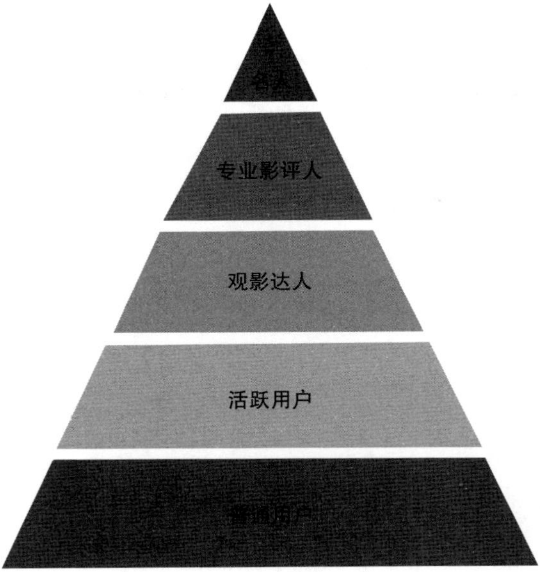

图 1–8　猫眼电影用户分层

第一层：名人，如演员、导演、编剧等。名人的作用就是吸引关注、提供品牌背书和个人号召力，基本适用于所有类型的产品，因此市面上有很多产品都在打“名人”牌。

第二层：专业影评人，在业内有影响力且能产出专业内容的用户，属于PGC（专业生成内容）。这是平台上专业内容的贡献人群，虽然在数量上占比小，但需求是存在的，并且需要借此提升品牌的专业度。

第三层：观影达人，能产出优质内容但没有专业背景的用户，他们写的内容接地气，是普通用户喜欢看的，属于UGC。这些用户产出的内容数量占比较大，是贡献内容的主力。

第四层：活跃用户，品牌忠诚度和活跃度很高，但不产出内容的人群。他们会进行内容消费，进行互动操作（如回复、点赞等轻量级操作），是激励贡献用户的基础。如果这一人群不存在，上面三层用户的价值也就无从体现。

第五层：普通用户，很少有内容消费和UGC行为的用户，甚至可能是未登录用户。这部分人群虽然占比是最大的，但并非产品的核心用户，对其运营和管理的价值不大，通常情况下不投入人力做专门运营。

用户分层的思路，就是根据产品定位和目标用户的特点将用户人群分层，并清晰地认知每层人群的定义、特点和需求，针对这些需求分别给出对应的运营方案。更重要的是，这几个人群之间也存在着相互制约和促进的关系，每一层人群都是其他人群存在的前提条件，这就是用户贡献的生态循环。

从这个思路延伸来看，用户群体的特征已经趋于复杂化，不再是单纯由一批相似度很高的用户组成。所以，在运营的过程中，也应该对目标用户群体“区别对待”，根据不同特点进行有针对性的运营。

需要说明的是，不是每个产品都适合分层运营，都能画出一个用户金字塔。具体的运营策略还是要围绕产品制定，而不是照搬书上的套路。

创造玩法：在已有产品形态的基础上用运营手段创造新鲜玩法

虽说产品讲究以用户需求为中心并且快速迭代，但归根结底是服务目标人群中的大部分人，满足普适性需求。如果运营为了推广或做活动产生细分或临时性需求，产品不能满足是正常的。所以，运营可以在产品形态不变的情况下，创造更多新鲜的玩法。

举一个有趣的例子，小朋友在玩飞盘，一会儿用双手平举当作汽车的方向盘；一会儿又放在头上当作一顶帽子。在这个过程中，飞盘是固定不变的，但小朋友创造了两个玩法。

这个思路同样适用于互联网行业，下面用三个案例进行具体分析。

案例 1 百度百科

我们再次以百度百科为例。从运营的角度来说，百度百科看似一个很枯燥的产品，只能让用户编写词条（普通词条见图 1–9）。但运营却创造了很多玩法，比如围绕明星粉丝群体做的“特色词条”（见图 1–10）。

近几年，越来越多的互联网公司希望能利用粉丝群体的力量，为自己的产品加分。这件事的难点在于，能否将粉丝需求和产品需求无缝对接，因为唯有如此才能达到双赢。百度百科的解决方案是，为明星开设特色词条，并对页面进行全新设计，更适合展现明星形象。粉丝可以上传超大头图、照片、视频等，并且词条有优先通过审核的特权。这一方案很好地利用和满足了粉丝支持明星的诉求，提升了产品的核心指标。

从这个案例可以看出，百度百科从一个细分领域切入，规划了一个运营模式，将一个枯燥的操作行为变得充满诱惑力。万变不离其宗，其本质还是提升编写词条量这一核心数据。

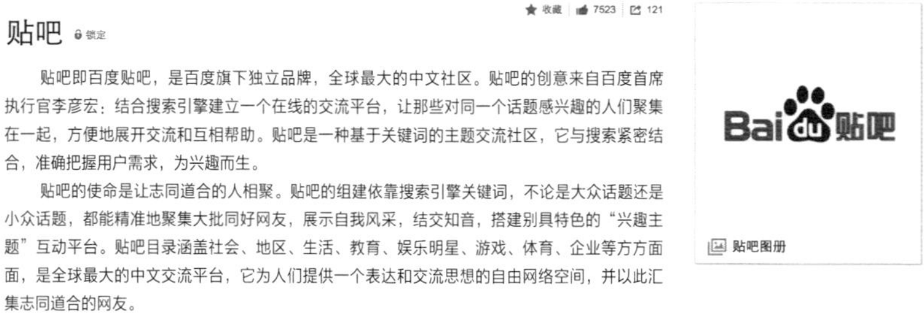

图 1–9 普通词条

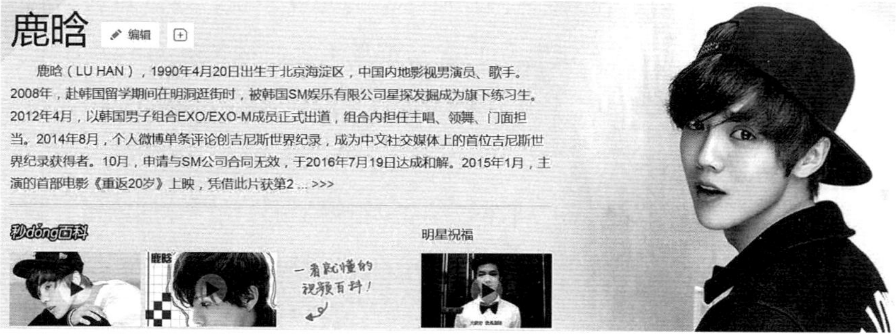

图 1–10 鹿晗的词条

案例 2 滴滴出行

滴滴出行在 2016 年春节前推出了“春运回家”的模块，借势春运这个热点，解决大家回家难的问题。这个模块里的顺风车、接送机、代驾等业务，其实都是滴滴出行的日常业务。这就相当于把现有服务包装重组，作为热点需求的解决方案展现在用户面前（见图 1–11）。

这个模块中没有新增的服务或功能，运营人员在产品形态不变的情况下，创造了这个玩法，并且对产品的核心指标有直接拉动作用。

图 1-11 滴滴出行“春运回家”活动页面

案例3 same

same是一款文艺范儿十足的社区App（手机应用软件），用户可以自建感兴趣的频道，在频道内可以发布图文、音乐、电影、投票、打卡等类型的内容。

在产品形态不变的情况下，same创造出很多有趣的玩法。比如图1–12中的“你发自拍我来画”，是在发布图片功能的基础上策划的成本很低但有亮点的活动，为same带来贡献用户和浏览用户。

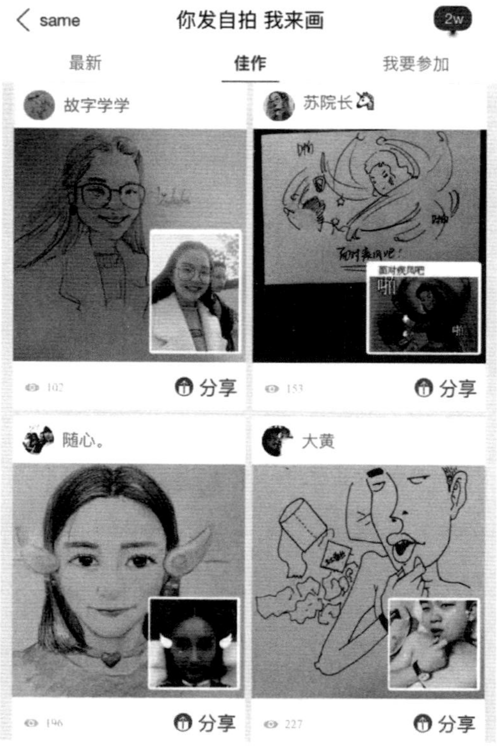

图1–12 same“你发自拍我来画”活动页面

案例4 陌陌

图 1–13　陌陌“红包争霸战”活动

陌陌是一款陌生人社交App，所以核心是让陌生人通过兴趣等媒介进行沟通交流。这个媒介不仅可以是兴趣，还可以是其他因素，比如红包。

在春节期间，红包就是最热的关键词，不仅符合当时的节日氛围，而且真金白银也有吸引力。陌陌借势“红包”这个热点，上线了“红包争霸战”的活动。用户只要找到附近带有红包标志的用户，进入其个人资料就可以领红包了。抢到红包的用户，还可以再把红包发出去，吸引其他用户来自己页面抢红包。在这样的传播方式的激励下，发红包的用户越来越多，引爆了整个活动（见图 1–13）。

运营人员通过策划这个红包活动，在不改动产品功能的前提下，不仅引导用户走完核心操作流程，而且提升了用户的活跃度。

我们可以通过分析自己身边的案例，不断印证运营的上述三点价值，也可以借此帮助我们更深刻地理解运营本身，并对日常工作起到指导作用。

8 个真实案例讲述运营生存现状

了解了运营的价值，是不是恍然大悟：原来运营这么重要！原来我还可以做这么多有价值的事！但是，行业的现状仍有待完善。在国内大多数互联网公司里，运营未获得足够的重视：运营人员做着最基础的工作，拿着低于团队其他成员的工资；不仅没有话语权，个人成长空间也相对有限。这就导致愿意投身运营的优秀新人相对较少，拥有几年经验的运营人员也总想转做PM，形成了恶性循环。

另外，PM这个职位在近几年被严重神化之后，吸引了大批互联网人才加入，间接影响了运营群体的发展。李开复、周鸿祎等明星老板都公开宣称自己是PM，也为这个职位套上了一个光环，导致人们对PM的认识过于理想化。实际上，PM当然也要从基层做起，甚至从打杂做起。有很多PM已经从业一两年了，还在团队里打杂、救火，或者做其他非核心工作，这些情况屡见不鲜。

我最近与很多运营朋友交流过，发现大家遇到的具体问题虽然不同，但本质上有很多相似点。我把这些相似点总结出来，借以发现运营人群的生存现状。通过几则小故事，希望能够帮助互联网从业者意识到存在的问题，并且积极面对或解决。

现状一：老板不懂运营

老板是决策者，也决定了团队的基因和文化。因此创业公司的做事风格与老板的背景密切相关。一个技术出身的老板，因为不懂运营，可能会对运营的重视不够，毕竟这两个领域的差别很大。

如果老板不懂运营，会对运营工作产生很大的影响，这是个关键性问题，能衍生出更多分支问题。整个问题链条是这样的：

> 老板不懂运营→公司不重视运营→产品/市场/销售/技术领导运营→团队没有运营氛围→不能吸引优秀的运营人才→新人难以成长

问题如此反复，形成了“越不懂就越弱”的恶性循环，链条中的每个节点都是一个具体的问题。

案例 1

聪聪是一个记单词App的运营新人。随着App用户量的增加，老板觉得运营这个职位应该更加重要，但没有具体改善计划，于是让她先想想办法。

“用户运营怎么做呢？”聪聪比较困惑，她对这个概念并不熟悉。

现在回答问题是没用的，我们可以先抛出一个问题：“你们之前是怎么做运营的呢？”

聪聪对这个问题的答案是："我所在团队之前没有专职运营，老板把我从客服团队调过来负责搜集反馈，在群里解答问题。"

问题立即浮现出来：客服的工作只是运营的一个分支，但并不等同于运营。

这是一个"老板不懂运营"的典型案例。首先，老板认为运营不重要，迟迟不组建运营团队，或者认为运营和客服是同一工种。其次，运营在团队里没有成长的土壤，从策略制定到具体执行，都只能靠新人自己摸着石头过河，缺乏有经验的人给予指导。

在这个案例中，即便聪聪弄明白了用户运营的思路框架，她也难以完整地执行。这与个人能力无关，而是在老板不认同的前提下，一名新人肯定无法改变公司的基因，在执行过程中会遇到各种阻力，导致运营措施无法落地。这样的环境不适合运营人员生存。

当然，这个产品在其他方面可能会有自己强大的竞争力，但是从运营的角度去分析，这一产品存在一些问题。

案例 2

刘真做过三年互联网运营，积累了一些经验。为了能更快地提升个人能力，她跳槽到一个做团购起家的准巨头公司，负责一个垂直领域的产品运营。她的目标是在成本可控的范围内提升新客数，主要实现形式是补贴活动。

由于之前没做过类似的工作，刘真觉得在这里学到了不少东西，对工作更加投入，直到分管运营的领导换成了一个销售出身的高管。

"他来以后，团队的氛围都变了，感觉不像一个互联网公司了。"刘真有点焦虑地说。

她继续表示："我们不再是弹性工作制了，早上要求按照统一时间到岗，并且每天有人查岗。运营的工作内容也偏向销售支持了，很多运营导向的工作不再进行。居然连工资结构也进行了调整，开始与销售额挂钩。我觉得我不再是一名运营了，而是销售助理。"

坦白说，执行层面的员工不需要过度关注领导换人这件事，这是公司的决策。但从个人成长环境的角度来看，运营的定位发生了变化，重要性被削弱，这样会导致像刘真这样有经验的运营人员不再有个人成长的空间，势必造成优秀人才流失。

案例 3

刘璐在一个知名搜索公司做用户运营，向PM汇报。她所在团队的工作方式是，由PM决定每个版本做什么功能，以什么形式实现；运营人员负责产品上线后的拉新和维护。运营人员从不参与与产品决策相关的讨论，而且对产品的进展长期处于不知情的状态。直到决策已定，甚至原型、交互、设计稿都确定，研发启动了，运营人员才被告知。

刘璐很生气："运营绝不应该是被告知的角色，而是应该深度参与决策，贡献自己对用户需求的理解，快速印证一些不确定问题，并提前为上线后的运营工作做准备！"

确实，运营团队的正常状态是按照已确定的节奏和规划做事，逐步培养用户习惯、对外传播品牌、引入有影响力的外部资源。但运营工作尚未从量变达到质变的时候，产品突然改了，而且运营对此毫无准备。这时运营再进行紧急调整，就意味着节奏被打乱，之前的积累几乎白费，用户也会受到影响。

刘璐举例说："运营就像百米跑一样，有最初的起跑，有途中的加速，最后才是成功撞线。但很多人忽视前面的起跑和加速，只希望你快点撞线，这显然是急功近利的外行视角。我的上级是PM，他就持这样的观点：只求最终撞线，不管前两步的积累。发现你还没撞线，他就忍不住开始指挥：步幅可以更大、多关注身边的对手、跑姿应该调整。如果我按照这些琐碎的、不成体系的建议去执行，肯定会摔跟头。更惨的是，我摔了以后他还会认为是我自己的问题。"

我们总结一下刘璐所在公司的情况：PM做决策，运营人员是辅助。PM对运营的理解只停留在表面，没有能力参与运营策略的决策，但会干预执行中的细节，以致打乱运营节奏。

现状二：盲目的KPI导向

运营的效果是通过数据来衡量的，这个数据就是运营的KPI。但不能为了追求KPI而忽略了背后的逻辑。

KPI最重要的作用是给团队指引了一个方向，让大家集中发力，不跑偏、不分散，即使最终没达成起初确定的目标也不要紧，可以分析具体原因之后再进行调整。

但有些公司给运营人员定KPI，就像给销售定销量一样，最终会导致运营人员不再关注过程，只关注最终数字，这样对产品品质是有很大伤害的。

案例 4

珊珊是一个地图类App的微博运营，也是一个豆瓣红人。她被之前的老板从前东家推荐到这个产品，老板期望她凭借优秀的文案和创意能力把微博做起来。她试用期的KPI是将粉丝量从15万提升到50万。可惜她没做到，选择了离职。

前两年的微博和这两年的微信公众号类似，在最初的红利期有很多办法可以快速增加粉丝数量。如果没抓住这个机会，在后来的某个阶段通过送iPhone（苹果手机）等礼品也能简单快速地吸引不少粉丝，取关率也在可以接受的范围内。如果这个阶段也没抓住，那么微博就很难快速增粉了。

借助内容的力量运营微博，并且实现粉丝数和互动数的大幅提高，这肯定需要一个较长的时间周期，至少需要2—3个月。而且，这是一个工具类产品，微博的内容会受到产品定位的制约，运营的难度更大。更让人绝望的是，最终目标是初始数据的三倍多，这就更是一个不可能完成的任务了。

但在珊珊离职两个月后，这个微博的粉丝数增加到130万，只是转发数还和之前一样，是个位数。这恰恰印证了我前面的观点，如果公司只是硬性强调KPI而不关注过程，无异于"逼良为娼"，运营人员会想一些应急的办法，但从转发效果来看，这么做并没有实际意义。

案例 5

晓波在一个工具类App做运营，向PM汇报。公司认为只做工具功能，DAU和用户使用频次无法提升，于是增加了社区模块，让晓波负责冷启动。

这位PM知道冷启动不容易，也知道知乎成功完成冷启动是找到了一批关键意见领袖，所以他指导晓波说："找到种子用户很重要，要保证初期内容的优质，要培育好社区的氛围。"

晓波点头称是，但他明白真正的难点在于怎么执行。

PM 又问："本周能增加 50 个核心用户吗？"

晓波回答："应该能，但这个和你说的优质内容和社区氛围有关系吗？"

PM 没接茬，又接着问："你预估一下每天可以发多少帖子？"

晓波快要爆发了，心想："预估冷启动时有多少帖子完全没有实际意义，简直是一本正经的胡说八道。没有之前的数据做参考，用户习惯也没形成，暂时也没获得收益，不可能那么容易引导，这怎么预估呢？"他只能拍脑袋说："预计每天 100 个帖子。"

PM 想了一下，歪着头问："人均每天才两个帖子呀，我半个小时发三个都没问题。发帖量能增加吗，120 个可以吗？"

晓波叹口气，表示可以。他没想到批发市场的讨价还价也会在这里出现。

后续事情的进展不太顺利，用户对产品的接受度不高，不能达到每天 120 个帖子，于是晓波只能自己手动发帖，只是为了达到这一目标。当然这是解决不了问题的，用户贡献量还是没有起色。这时 PM 一拍桌子说："用机器去抓竞品的帖子，直接导入不就行了。"

晓波后来离职了，他不想再被这种奇葩的逻辑所绑架。那个社区模块也在导入那批帖子后氛围全无，在一次次版本迭代中弱化入口，慢慢地消失了。

不管每天 100 个帖子还是 1 000 个帖子，谁都可以想尽办法完成。但问题在于这个数字是不是做好冷启动的关键指标，对最终效果是否有直接帮助，是否真的要不顾一切去达成。

现状三：产品差或定位错误

运营的工作载体是产品，如果产品很差或定位错误，运营工作本质上都是在做无用功，就像往游泳池里蓄水的同时还开着排水管，造成时间和人力成本的浪费。

研发资源紧缺、产品有迭代节奏，这些都可以接受，运营人员的一部分职责就是在完善产品的过程中，做好“填坑”的工作。但对于很差的产品也要硬着头皮做好运营，运营人员就把自己放在了价值链的最底端，对提高自己独立思考和项目推进的能力没有任何帮助。

案例 6

菜菜所在的公司属于医疗行业，核心资源是三甲医院的院长和各领域顶级专家，盈利方式是通过组织线下研讨会，向药厂等品牌方收取赞助费。老板希望将这些资源的价值最大化，所以做了一个App，菜菜负责整体运营。但她不知道从何入手。

我们先提出一个问题：“在互联网医疗市场中，这个App能满足医生的什么诉求，能提供什么差异化服务？”

该App的卖点之一是下载专家在研讨会上做的报告，以及提供资讯、活动和专访内容。显然，这些资料和内容并不独特，不符合差异化的要求。他们并没有分析用户的需求，也没有考虑过差异化的核心竞争力，相当于还没想清楚定位就做了这个产品。这几个模块对用户来说没有任何独特价值。

即便菜菜很努力很用心，但面对这样的产品也无能为力。即使实施一些运营措施，也不会有什么效果。后来，菜菜离职了。

现状四：运营产出不易界定

运营群体的生存状况还有一个“悲惨链条”：工资低→工作枯燥乏味→加班多→产出不易界定。

悲惨之处在于，运营不仅收入低和工作量大，而且辛苦耕作很久，最终也不能明确界定哪些收益来自自己的努力。无法界定产出，自然地位低、收入少，这就是一种恶性循环。

案例 7

小航在一家交易类App做产品运营，最近他的任务是提升商品的评论量，属于UGC类的工作。他通过运营核心用户，以及策划一些活动，引导用户及时发布优质评论。经过一段时间的运营，评论量快速增加，每天都有10万用户主动发布评论。

有一天，老板对小航的工作提出了质疑：“通过用户、活动和内容等运营方式带来的评论量，每天最多有1万，占比为10%，但你们团队共有三个人在做这件事。这么算起来，每位运营人员带来的评论量占比仅为3%，投入产出比很低。”

对此，小航很不服气。老板得出的这个结论就是在抹杀他们的工作成果。他认为，评论量能做到10万是依靠初期核心用户的带动，他们在每次消费后及时发布了优质评论，确保后续未购买商品的用户无论到哪个长尾商品页，都能看到客观公正的评价。这是一个很细节化但非常好的体验。

除此之外，对于一个交易类App来说，培养用户贡献内容的习惯是非常不容易的，所以UGC的氛围拉动力也是很重要的。这些收益都是核心用户带来的。

小航打了一个比方："这就像一个金字塔，是靠一块块砖垒起来的。每一块砖都是一样的，但组成塔尖的那几块砖价值更大，因为它们代表了整个金字塔的高度。"他认为自己做的事就是搭建塔尖。

不过，老板不理解这样的道理，只关注他带来的评论量占比。虽然小航努力想尽办法提升量级，但运营手段终究未融入产品流程，曝光量和转化率都很低，导致占比始终没有提升。

我认同小航的观点，同时也不认为老板只关注投入产出有错，这就是运营可能面临的困境。在这个案例中，如果运营人员把用户习惯和UGC氛围都培养起来了，或许可以考虑撤掉或缩减运营岗位，改为靠优化产品和排序来提升。

案例 8

睿睿是一个O2O（线上到线下）产品的运营人员，主要做大型促销活动，关注新用户或者交易额。她的日常工作就是定策略和选单子。

每次睿睿都对活动效果进行总结，她发现交易额均增长100%。但她注意到，有一个POI（入驻该网站的商户）没做活动，交易额也有30%的增长。那么，怎么才能判断出运营带来的收益有多少呢？很遗憾，目前还没有能准确测算的办法。

例会时，老板问睿睿："到底怎么判断一个活动的效果是否符合预期？你说这次增长了100%，但我怎么知道是不是原本可以增长120%呢？或者说即使不做活动也会有80%的增长？"

这个问题狠狠戳中了睿睿的痛点："目前只能通过历史同期数据估算增长率来衡量活动效果是否符合预期。但实际情况会受到行业整体浮动的影响，很难得出一个确切的活动效果。"

这个案例和之前提到的案例 2 类似，整体波动很大，不易发现规律。运营带来的收益对于整个大盘来说只是杯水车薪。即使运营做了很多努力，但只要大盘有波动，瞬间抵消运营的效果。

但是团队仍然需要运营这个角色，否则促销活动没人做，带来的麻烦更多。所以，运营人员就生存在这个尴尬的处境中。如果整个产品高歌猛进，那是大家通力协作的结果；如果增速并不理想，需要寻找不足和衡量人效的时候，运营人员很容易成为众矢之的。

即将迎来运营驱动的时代

上面 8 个案例讲述了运营艰难的生存现状，但不必悲观，因为形势已在好转。越来越多的公司看到了运营的重要性，并且开始重视运营，愿意投入更多的时间成本研究运营，用更好的待遇聘请运营人才，甚至很多团队已经是运营在驱动了。

变化更明显的是，除了互联网和O2O行业之外，有很多传统行业的老板也开始更踏实地做互联网运营。他们在几年前已经开始涉足互联网，当时从理解到执行都很浅，仅仅把互联网当作推广渠道，更不会运用互联网思维做事。现在，老板们不仅投入更多人力物力，增设相关团队，而且开始运营自己的独立产品，我们可以真切地感受到他们要做好运营的决心。

我们将迎来运营驱动的时代。做出这一判断主要基于以下三个原因。

业内逐渐接受

在国内的互联网行业不断成熟和发展的过程中，存在一个明显的发展进程：从最初只有策划编辑和“草根”站长，到此后崛起的PM，以及现阶段行业对运营的认知程度明显加深。我们可以判断出，运营驱动是一个趋势。

在上一个发展阶段中，被神化了的PM好像并没有“改变世界”，甚至连国内的互联网行业都没有改变。最近几年表现突出的微博、美团、滴滴、知乎等产品，无一例外都是靠运营驱动的，或者至少是依赖运营才达到今天的规模。

就微信来说，虽然其创始人张小龙是PM出身，但微信当前的价值是入口和生态，已经超越了传统意义上的产品层面。所以不能简单地归类为PM或运营。

所以，互联网行业一步步发展到当下这个阶段，带来了一个个由运营驱动从而崛起的产品，整个行业也在这个过程中逐渐意识到运营的重要性。

产品很难差异化

假设一个产品是由PM和运营这两个角色完成的（事实上当然不是），PM能带来的差异化是最小的。这个道理很简单，因为产品复制就能打破差异化，谁家的产品好，其他家都可以直接拿来使用，不需要全部复制，一个模块甚至一个交互就够了。

而且，国内对于知识产权的保护不够完善，这也导致互联网行业的相似产品很多，只要哪个产品火了，它的身后肯定会出现一批效仿的产品。有的产品甚至是赤裸裸的全盘抄袭，从产品模式到设计交互都完全一样。

所以，如果仅仅靠产品模式新、体验好占领市场，这几乎就是神话。因此，运营的拉动和传播作用不容小觑，唯有运营得当，才能玩转产品，并实现规模化。这就是运营的价值。

资源不再稀缺

此处说的资源包括资金和人脉两个方面，是创业非常重要的砝码。有或没有资源，对于创业的难易程度来说，有很大差别。但是在大多数情况下，大家的资源类似。在北京的创业主题咖啡厅里，随便侧耳就能听到邻座在说已经拉到多少资金、认识哪些重要人物。这也说明无论是资金还是人脉，都不是稀缺资源，而是创业的基本条件。

除了创业公司，对于一线互联网公司来说也是一样的。百度从来不缺少资源，但在移动互联网时代，仍然难以发力。如果靠资金投入就能把产品做好，百度的糯米和阿里的社区岂不是早就做起来了？

所以，资源不是有或没有的问题，而是如何更好地运用。如何将资源的效果最大化，更好地落实到产品中，这恰恰考验的是运营的功力。

总之，虽然运营目前仍会面临很多困难，但从长远来看，这个岗位、这类人才都是非常有价值的。所以，运营人员不用怀疑行业前景，只要在平时工作中做好一点一滴的积累，多思考、多总结、多交流，坚持下去就能有收获。关于每个领域的运营工作如何展开，我们在后面的章节中会展开讨论。

小黑板

1. 运营的本质是通过用户、内容、品牌等运营方式，将用户和产品更好地连接，从而达到产品的最终目的。

2. 按照产品类型，运营可以分为用户产品运营、商业产品运营和电商运营；按照职能类型，运营可以分为用户运营、内容运营、活动运营、品牌运营等。

3. 运营的价值包括传递产品价值、打造产品生态和创造玩法。

第二章

用户运营

在这一章，我们将从用户运营的概念和价值讲起，到执行落地的三个模式，再到个人应该具备的四个素质，展现用户运营的全貌。

用户运营的概念和价值

用户运营是指通过对用户群体的引入、激励和留存，从而提升产品的用户活跃度和忠诚度。这是互联网运营的一个分支，是连接用户与产品的手段之一。

用户运营的载体是人，目标因产品而异。比如UGC产品，用户运营的目标是提升UGC数量和参与人数，运营围绕的人群就是UGC贡献用户。对于O2O产品来说，用户运营与商户运营对应，也就是面向个人和面向企业的区别，所以用户运营的目标可能会变成新客数，运营围绕的人群就是未交易过的新用户。

相信很多运营人员在做用户运营的过程中，经常被老板质疑收益的问题。比如，运营的核心用户只有500人，但产品的DAU有50万，占比才0.1%，但公司要投入两个人力去做这件事，成本可能就太高了。或者，你所运营的核心用户每天产出1万条内容，但产品每天产出的内容总量是10万，用户贡献内容占比10%。那么，如果不开展用户运营，看起来也只是损失10%的内容。甚至，老板会认为这10%的内容并不是运营拉动的效果，而是用户自发产出的。

面对这样的问题，运营人员可能会觉得有点委屈。首先，用户运营是非常重要的，是必须完成的，对产品来说是有价值的。其次，为了做好这件事，运营人员投入了很多。另外，运营人员在用户运营工作中也收获很多，除了业务方面的经验，还能结识很多朋友。

但是，老板的问题好像也有道理。如果不能用数字衡量用户运营的收益，上面说的这些就是零，加班的辛苦和用户的认可就没有实际意义。

因此，如果只从执行层面看，用户运营就变成了很简单、很廉价的“维护用户”，必然会受到老板质疑。实际上，用户运营是一个体系，是支撑产品运转的重要环节，所以要站在更高的角度，更系统地看待用户运营。

我们先分析用户运营的四点价值。

保证基本的活跃度和贡献

首先，通过对核心用户的高掌控度，可以确保一直有活跃用户，保证产品的正常运转。无论是节假日、发生重大事件还是产品出现bug（程序漏洞）、处于行业淡季，在各种特殊情况下，都会有用户活跃或贡献内容，解决了PM和运营人员对内容生产的后顾之忧。

其次，很多产品在页面展现的优质内容也依赖核心用户的贡献。这些内容决定了产品的调性，关系着用户留存率，所以必须对其进行严格把控。如果内容的质量不高或角度稍有偏差，就会影响用户体验。

核心用户贡献内容的能力强，更可控，可以按照官方的预期产出相应的内容，因此可以解决上述内容生产和把控的问题。

直接获取用户反馈

运营的重要使命是连接用户和产品，而用户运营就是最了解用户，并且与用户打成一片的角色。用户运营是整个产品团队与用户之间的沟通媒介，可以确保双方之间信息互通，协助团队做出符合用户需求的决策。

除此之外，用户运营也是团队获取最新信息的重要渠道，如反馈bug和提出建议。在产品出现问题时，用户可以通过沟通渠道第一时间告知团队，而用户运营就是这一“绿色通道”。

协助运营工作

运营的工作内容多且杂，而人力却很有限，所以运营人员总是在做并不重要又非做不可的事。比如搜集用户信息、寄送奖品、统计数据等。实际上，其中一部分工作可以规范化、目标化，之后放权给用户来完成，让用户分担运营人员的工作量。同时，让用户参与运营不仅可以共享知识和创意，还可以提升用户忠诚度。

对外传输品牌价值

核心用户认可你的产品，他们就是你的粉丝，他们会持续对外进行正面宣传，影响更多人。这就是“一传十，十传百”的道理。所以，要让核心用户成为产品的义务宣传员。

另外，如果遇到负面或舆论危机，核心用户会站出来力挺产品，不会让你孤立无援。在这种情况下，可能官方说法不一定有用，但是核心用户的态度会成为有力的正面声音。以锤子手机为例，在被批评得最严重的阶段，如果仅仅依靠罗永浩的影响力恐怕难以有效应对，正是依靠“锤粉”的支持，锤子手机才得以渡过难关。

以上四点是用户运营的价值，但并非全部。如果你告诉别人，你从事的用户运营工作只能实现上述价值，这可是远远不够的。

在一个产品团队里，至少包括PM、RD和运营人员，每个角色都理应发挥出独一无二的价值。所以，如果运营的价值是产品可以轻易替代的，产品可以自发驱动用户量的新增、对用户的激励、用户留存和对外传播，从而提升产品的核心数据，那么运营人员就没必要存在了。

同理，如果运营的价值与产品的价值存在差异化，那么运营人员需要在不依赖产品的前提下，组织用户按规则在产品上“玩儿起来”，并且用户越来越多，规模越来越大。因此我认为，用户运营的真正价值，是不依赖产品但效果会体现在产品上这样一种运营方式。

一个广泛适用的用户运营模式

半年前，小明在一个UGC产品做用户运营，关注核心用户的内容贡献。简单地说，就是用户发布的优质内容越多越好。刚起步时，小明效仿其他产品的做法，建立了一个用户组织，制定了准入门槛，只有满足要求的用户才可进入。他的目标是通过福利和特权引导用户贡献内容。为此，他设计了轻松有趣的招募页面，列出了用户组织的权益。然后，他通过指定算法圈出目标用户，利用站内资源推广，开始首次招募成员。

在三天内，他就招募到60人。他把这些人拉到QQ群里，跟他们交流。很快，他和大家熟悉起来，至少和其中一半的人单独聊过，并且可以说出他们的个人信息，如所在地、职业、兴趣爱好、性格等。

这些用户也很支持小明，很活跃并经常发布内容，有时也会提建议和找bug。至此，QQ群里的氛围很好，也带来了一些优质的内容。而小明的自信心也得到了极大满足，他获得了成就感。因此他坚定地认为这么做是对的。虽然已有的用户人数不多，贡献量也不大，但他可以继续招募，把人数扩大3—5倍，这样贡献量就足够大了。

于是，他申请了更多站内资源，继续招募核心用户。这次招募吸引了20位用户的加入，虽然招募人数只有第一次的1/3，但他还算满意，毕竟招募的成本不高。

此后，又有了第三次招募。他投入了更多资源，面向更多用户。但结果出乎意料，居然只有5位用户加入！小明意识到，用户快速增长的红利期已过，之前积累的站内资源基本被挖空，该想其他的办法了。

小明的新策略是做有趣的线上活动，先吸引那些优质用户浮出水面，再一对一有针对性地引入。这种活动持续了一个月，用户规模扩大至140人，算是小有成效。

但之后的用户增长更加缓慢。而且小明察觉到群里的氛围越来越差，说话的人变少了，活跃的只是少数人，很多人进群后从不发言。对于产品来说，内容贡献人数也在减少，之前每周会有90%的用户参与贡献，现在这一比例下降到了60%。

最后，小明虽然努力优化运营方式、提供更优厚的福利、努力挖掘用户，但无济于事，没能改变用户增速慢和活跃度低的问题。这个项目进入窘境：既不能放弃，但也很难有本质的改变。

这个案例很具代表性，做用户运营的人可能都会遇到。其核心问题在于，产品在发展到一定的用户规模时，仅仅依靠传统的用户运营模式就会出现用户流失和活跃度降低的情况，这是该模式固有的弊端。

所以，我们必须要有完整的、更广泛适用的用户运营模式，才能应对各类产品的各种难题。为此，我根据自己之前的从业经历，总结出用户运营的“一个金字塔和两种玩法”。

一个金字塔

用户产品是相对商业产品而言的，是以用户增长为目标的产品类型，运营和产品的火力点都集中在用户身上。无论是从零起步，还是已有亿万级的用户积累，最根本的运营落脚点就是核心用户。他们是产品气质的打造者、新手小白的引路人、站外的宣传员，甚至是浏览用户在这个产品上的情感寄托。

用户运营的任务是想办法找到这批用户，教他们使用产品并吸引他们一直使用下去，即引入、激励和活跃。但很多用户运营人员都会遇到这样的情况：陪聊天、做千篇一律的活动、处理投诉调解矛盾、寄礼品、查单号，经常陷入杂活而不能自拔，因此时间一长不免也迷茫起来，希望快速掌握可以一击即中的“大招”。

那么，答案一定是屡试不爽的金字塔式用户运营体系。

做运营时，如果你认为核心用户只是一群拥有类似特点的人，那你的想法就太简单粗暴了，缺乏体系化、多层次且互成因果的精细化运营思路。其实，核心用户是多个类型人群的组合，各自发挥着不同的作用，并且不同群体之间也相互作用。比如，优质贡献用户和活跃浏览用户、普通用户和专业用户、各个细分领域的用户，这些群体是同时存在的，且互为彼此存在的前提。

我们可以用“金字塔”来表示，如图 2-1 所示。

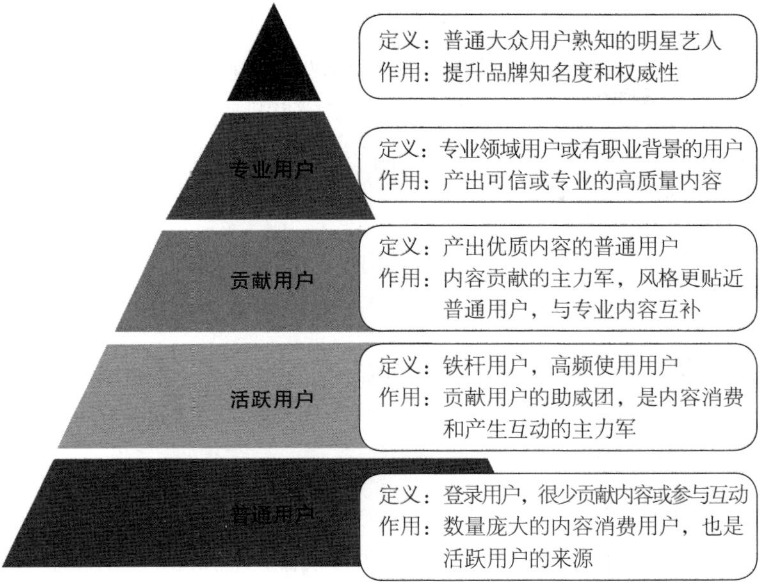

图 2–1　用户“金字塔”

第一层，名人用户。

定义：普通大众用户熟知的明星艺人。

作用：提升品牌知名度和权威性。

运营方式：依赖人脉或物质资源，一对一引入和维护，形式多为专题和品牌活动等类似的强展示。

第二层，专业用户。

定义：专业领域用户或有职业背景的用户。

作用：产出有可信或专业的高质量内容。

运营方式：满足个人品牌需求，提升其业内影响力。如采取加V身份认证、优先展现等与普通用户差异化的形式。

第三层，贡献用户。

定义：产出优质内容的普通用户，也叫达人。

作用：内容贡献的主力军，风格更贴近普通用户，与专业内容互补。

运营方式：以用户项目的形式，明确福利和要求，由专人负责常规化运营，保证团队活跃度和流动性。

第四层，活跃用户。

定义：品牌忠诚度很高的铁杆用户，也是高频使用用户。

作用：活跃氛围，推老带新，是贡献用户的助威团，是内容消费和参与互动的主力军。

运营方式：以策划参与度高、有实物奖励的线上活动为主，福利和特权等手段为辅。

第五层，普通用户。

定义：近期登录过的用户，但很少贡献内容或参与互动。也叫沉默用户。

作用：数量庞大的内容消费用户基本等同于产品的有效用户数，也是活跃用户的来源。

运营方式：参考二八原则，不对这部分用户做针对性运营，通过普适性的活动筛选出一部分用户并将其转化为活跃用户。

上述 5 个分层是理想状态下的划分方式，有的产品可能只有三层或四层，具体要视情况而定。另外，上图中各层的定义、作用和运营方式，是一种普遍规律，不一定完全适用于所有产品。

下面以两个产品为例进行具体分析。需要说明的是，我并不了解微博的运营策略，对百度知道的深入了解也停留在三年前，此处仅作为参考案例，便于大家理解。

案例1 微博

假设微博的运营目标是提升用户活跃度，也就是发布微博的用户数，那么对应的运营策略是，按照微博的媒体平台定位，将用户划分为名人用户、专业用户、贡献用户和有效用户四个层级，分析各个层级人群的需求，最后提出具体措施。

第一层，名人用户，主要指娱乐明星和商业领袖。微博对这批用户高度重视，凭借强大的媒体资源，迅速吸引一批名人入驻。如果遇到很重要的又难以打动的人物，运营人员会采取多种方式，比如携带精美礼物，登门拜访并协助其开通账号。

积累了第一批名人用户之后，微博的平台价值慢慢凸显。老用户会继续活跃，不需要专人维护；新用户也会意识到这是个名利双收的好机会，主动来开通账号和申请加V。

另外，当时新浪员工有吸引用户入驻的指标，此举带动了一批互联网和媒体人加入。这些都是活跃用户，自带媒体属性，也有贡献优质内容的能力。

有了名人、互联网人、媒体人，微博就不愁没有优质内容。普通用户参与度低也不要紧，仅仅简单围观也算是产品的留存用户。

第二层，专业用户。与名人用户不同的是，专业用户有较强的行业属性，是垂直领域中的大咖，如畅销书作者、上市公司企业家、三甲医院医生、健身教练等。无论微博平台还是普通用户，对专业领域的内容都有需求，而且长尾效应非常明显。

这些专业用户对微博的诉求主要是打造个人品牌，提升业内影响力。所以，这批用户对平台价值的敏感度很高，只要出现了满足其需求的媒体平台，他们都会第一时间进驻参与。除此之外，金字塔第一层名人用户的示范作用也很重要，只要名人带头，专业用户就会效仿。

第三层，贡献用户。对于微博来说，贡献用户对应的是“达人”项目，其目标人群是真实的个人活跃用户，但达不到名人或专业人士的加V标准，产出的内容质量也不一定高，是处于普通用户和加V用户之间的群体。

这部分用户的特点是活跃，对微博的诉求是兴趣爱好的交流平台，不图名、不图利。对这类用户，可以通过积分等级、用户特权、特殊展现等激励方式，提升其活跃度。这个思路本身没问题，也本应是一个有价值的项目，但最终效果没有达到预期，具体原因就不在此展开了。

除此之外，微博还成立了各地的分会组织，选出活跃的和有能力的用户作为会长。会长的主要任务是组织线下活动，以及利用地域优势及时发布当地信息。这就相当于微博在当地有了自己的记者。和“达人”项目相同的是，分会也是从兴趣的角度出发对用户进行的划分；不同的是分会依赖运营，“达人”靠产品。

第四层，有效用户。主要是指登录用户，也可以设置更多条件，比如用户上传过头像、填写过个人资料、有关注有粉丝、发布过微博等，是一个实实在在的用户。

这部分用户对于微博的诉求是内容消费，具体地说就是围观第一层的名人用户或第二层的专业用户，自己发布的内容不多，且质量也不高，但发挥的作用是必不可少的。正是因为有了海量的有效用户，名人用户和专业用户的内容才会有人消费，平台价值才得以最终体现。否则，没人关注的名人也不再是名人了。

也正是这个原因，只要名人用户和专业用户的量级大、活跃度高，就可以保证有效用户的留存，不必针对这批用户设定特殊的运营策略。

案例 2 百度知道

百度知道是一个问答平台，用户的核心诉求是问题被解答，因此，百度知道的运营目标是提升回答数量和质量。为了达到这个目标，就要做好针对贡献用户的运营。

当然，每一类用户都有其独特性和不同需求，也对应着不同的运营手段。

第一层，名人用户。百度知道每天有过亿的访问用户，有几十万用户在贡献回答，是实实在在的拥有海量用户的产品。尽管如此，百度知道仍要持续强化用户对品牌的认知，提升品牌影响力。为了达到这个目标，解决方案是邀请明星为产品站台，利用其影响力吸引用户关注。

但是让名人在平台上回答问题是不现实的，且很容易被其他内容淹没，不利于将名人的影响力最大化。所以百度知道选择的方式是，策划推出“知识领袖”栏目，每期推出一个当下热门主题，邀请该领域的名人来回答用户的问题，通过专题页面的形式展现（见图 2–2）。

第二层，专业用户。对于医疗、法律、教育等专业领域的问题，如果由普通用户解答，是不够权威的，也缺乏足够的说服力。

比如“宝宝睡觉时总咳嗽该怎么办”这个问题，如果普通用户回答，提问者有可能会担心答案的专业性，不知道是否靠谱，该不该采纳，所以这个问题实际上没有被解决。如果三甲医院的医生回答，就可以完全解决这个问题。

图 2-2　百度知道“知识领袖”栏目

因为“三甲医院的医生”这一身份为这位回答用户的专业性背书，也让自己的回答内容更具可信度，相当于给了提问者一个放心采纳的理由。

把有专业背景或资质的用户挑选出来并进行运营，这就是“行家”项目。百度知道通过“行家”项目，吸引医疗、法律、科学教育、金融等各个细分领域的专业人士加入，并回答对应分类的问题。这类人群都有行业背书，比如有某个行业的从业经验，或者目前就职于行业内某公司。

行家的回答在页面会有特殊展现，这对于行家来说也是一种精神激励。通过特殊展现、用户特权、有奖活动、与官方直接沟通等运营方式，让这些专业用户持续不断地贡献优质回答，提升提问用户的体验。

第三层，贡献用户。贡献用户是指在百度知道上活跃度和贡献回答的量级都很高，但没有专业背景的用户群体，与微博达人类似。这类用户在产品中发挥着很大的作用，可以持续和快速回答大量普通问题。毕竟不是所有问题都需要专业人士回答的，但仍需要回答，比如“从北京到天津开车怎么走”这样的问题。百度知道通过“芝麻”这个项目对这部分人群进行针对性运营。

具体做法是，先以“芝麻”项目的形式展开运营，加强用户对这个群体的认知，便于输出品牌和管理；再通过积分等级、财富值、专属任务等特权管理和激励贡献用户，保证整体回答贡献量。

第四层，活跃用户。与贡献用户相比，活跃用户贡献回答的能力稍逊，但有时间、有热情、品牌忠诚度高。对于这一类型的用户，最好的方式就是授权其参与百度知道的运营工作。

百度知道召集活跃用户建立了管理员团队，给他们开通特权，帮助官方找出垃圾信息、转移错误分类、选出优质回答，每个操作都有对应的积分，每个月需要完成最低限额的积分才能留在管理员团队，积分在前 10 名的用户还可获得实物奖励。百度知道通过这个项目，将大量运营工作通过众包的形式交给用户，既节省了人力，又提高了效率。

这部分用户的特点和作用相对比较特殊，可能不会出现在所有产品中，比如微博就没有这类用户。在实践中，不同产品的用户金字塔需要划分几层，每一层的人数、特点和作用是什么，这些都需要根据具体情况而定。

第五层，有效用户。此处有效用户的定义与微博类似，主要指登录用户。正如上文所说，对于百度知道这样每天有过亿用户访问的产品，登录用户的量级也非常大，而且人群类型和特点各异，不适合一刀切的运营方式。

但是从另外一个角度来说，大约 80%的有效用户贡献的回答量还不到 20%，所以没有必要花力气做精细化运营。运营人员可以策划普适性线上活动，具体方式是通过线上答题活动激励用户产出内容，引导和培养用户使用产品的习惯；同时通过积分商城作为答题所获积分的出口这一手段，使线上答题成为普适性激励措施。通过这些活动，还可以筛选和过滤用户并向用户金字塔上游输送，成为用户金字塔流动的源头。

以上是金字塔式用户运营体系的方法论，其精髓是对用户进行分层，并逐层找到符合用户需求的解决方案。此处仅仅阐述思路，或者说明分析问题的方法。在实际工作中，运营人员可以尝试套用这个思路，形成一套完整的用户运营体系。在操作过程中，用户是否需要分层、分几层、每层用户的类型、作用，这些都要视具体情况而定，没有固定的标准答案。

两种玩法

玩法一：集中运营

集中运营的本质目的是打造一个有权益、有规则的用户组织，有明确的目标和精神诉求，赋予用户使命感。运营人员的任务就是要建立这样的组织，并让用户明确地感知到，将这个用户组织的力量释放在产品上，从而提升产品的核心指标。

集中运营是过去几年最常用、最传统的用户运营模式。其具体表现形式是：先邀请活跃用户进入QQ或微信群，这样可以高效地接触和控制用户；再针对这部分用户策划活动、赋予特权、搜集反馈以及进行情感运营，以提升产品的活跃度，或者贡献更多更好的内容。

需要说明的是，集中运营并非让用户在群里集合。如果你这么认为，说明你没有认识到其本质。群只是用户沟通的平台，是做好集中运营的手段，并非核心环节。运营人员不应该把注意力都集中在群上，而应该从更高的层面去关注用户组织的成长。

集中运营有以下特点：

• 用户量级小，通常在200人以内，官方掌握每位用户的信息，并与用户保持基本的沟通。

• 用户组织有明确的准入和淘汰标准，权责分明，用户属性基本一致。

• 品牌化的用户组织包含独有的名称、定位、标识，以及在产品上的展现区域。

• 适用于高质量或专业用户，如核心用户或PGC模式用户，用户个体的贡献价值大，可以以一当十。

从概念和特点可以看出，集中运营是一种操作成本很低的运营方式，可以快速落地并获得成效。但因为覆盖用户的量级小，所以带来的收益有限。这个利弊鲜明的运营模式适用于产品冷启动、用户运营的初始阶段，或PGC模式。

集中运营的操作步骤类似于传统用户运营，大致分为引入、留存和促活跃。不同之处是，集中运营不仅关注用户个体，更重要的是运营一个用户组织。所以，下文说到的运营策略是针对用户组织而言的。

如何做好集中运营？我们从建立组织、引入用户、组织管理和用户活跃四个方面详细讲述。

建立组织

用户组织是指围绕某个兴趣主题或用户属性聚集起来的用户群体，

具备完整的组织信息，如组织名称、slogan（广告语）、组织架构、规章制度、用户列表、主页和访问入口等。这一步是集中运营的起点，对后续发展是否健康有着决定性的作用。

建立用户组织时，需要注意以下三点。

首先，要保证用户组织的产出与产品收益一致。比如，百度百科的产品收益是词条编写数量，所以建立了“蝌蚪团”（见图 2–3），通过专属身份和编写特权来吸引和激励用户更及时地产出量级更大和更优质的词条，与产品收益是一致的。再比如，百度知道希望用户协助维护内容秩序，组织核心用户成立了“芝麻将”（见图 2–4），负责转移分类、推荐或加密回答等内容管理的工作，与产品收益也是一致的。

图 2–3　百度百科“蝌蚪团”页面

其次，需要准确传递用户组织的定位。所谓“物以类聚，人以群分”，运营人员需要让用户明确认知自己是否符合这个组织的人群属性。如果是，给用户一个戳中痛点的理由，吸引其主动加入；如果不是，让用户判断出该组织与己无关，客观上也能起到筛选目标用户的作用。

图 2–4 百度知道“芝麻将”页面

微博最初推出加V认证时，只有行业大佬或者名人才能获得，门槛非常高。所以在当时加V是一件非常荣幸的事，似乎加入了名人大佬所在的群体。但在运营中后期，加V认证用户越来越多，加V变成门槛很低的身份标识。从图2–5可以看出，基本上有100个粉丝就可以申请加V了，这不再是名人大佬的象征，而只是一个实名认证的标志。此时的加V标准和上线之初的设定发生了很大的变化，因为用户组织的定位从“名人”变为“实名”，导致用户对这个组织的认知也发生了变化。

最后，为用户组织建立愿景，赋予成员使命感。每个人都有自我实现的需求，自我实现是马斯洛需求层次理论中的最高需求。此处指的是，通过为用户组织建立一个远大且有意义的愿景，吸引用户参与，并投入时间和精力追求这一愿景。

图 2-5 微博个人认证页面

这方面的代表性案例就是维基百科，它的愿景是“成为任何人都能参与的全人类最完整的百科全书”，因此所有贡献用户都在为这个目标奋斗。另外，游戏产品也经常使用这个方法，比如玩家是有超能力的英雄，只要完成几个任务就可以拯救世界。这就是为玩家赋予了“拯救世界”的使命感，成为其消耗时间完成任务的内在动力。

引入用户

用户运营人员想必都干过拉用户的活儿，这件事很重要，因为产品的生命周期就是用户“来→玩→走”的循环。虽然用户会自然增长，但真正有价值的用户仍需定向引入。

用户引入的渠道分为站内和站外两部分。站内引入是指挖掘已有用户资源，将其转化至用户组织，形式以招募为主；站外引入是指寻找和邀请产品外部的目标用户，形式以一对一邀请为主。此处重点分析一下站外引入，因为通常情况下来自站外的增量用户价值更大。

站外引入在用户类产品的运营工作中随处可见，如美丽说的时尚潮人、知乎各领域的达人、滴滴出行的司机、百度百科的权威编辑者、Keep（移动健身教练，一款移动健身工具App）的健身达人、微博的名人、猫眼电影的影评人等都是通过这种方式引入的。虽然这些案例所处行业和产品形态不同，但在引入用户方面，存在很多相通的地方。

第一步：确定目标用户。

先确定要找什么样的用户，这是根据产品定位以及所处阶段来确定的。比如，美丽说初期定位是时尚导购，那么就应该引入有贡献优质内容能力、有时尚鉴赏能力以及有影响力的时尚潮人；再比如，知乎初期是从互联网领域切入的，所以先邀请李开复等互联网意见领袖入驻，之后再覆盖其他领域。这是根据产品定位制定运营策略的两个例子，引入用户的类型就是其运营策略的一部分。

为了让团队内部达成明确的共识，以及高效地落地执行，案例中的“美丽说潮人”和“知乎意见领袖”最好有具体的、可量化的定义，即满足哪些条件的人群，才是符合要求的。比如，微博粉丝大于5万、平均每条微博转发量大于100、职业是设计师/模特/淘宝卖家等。

具体的定义可以在最大程度上确保团队的执行效果，不会因为理解的偏差而引入非目标用户，影响项目的进展。当然，在选择目标人群时，肯定会受到运营人员主观判断的影响，毕竟不是每个细节都可以给出具体标准。但是，更重要的是，一个专业人士对于其所在领域的理解远远比数据可靠。

所以，我们可以采用“先客后主”的方式明确目标人群类型，即先由客观标准限定大致方向，再由运营人员主观判断具体细节。

第二步：找到目标用户的聚集区。

在确定引入的目标人群之后，接下来就要找到他们。最高效的办法是找到目标人群的聚集区，也就是其所在平台，如微博、知乎、豆瓣等，再根据具体条件列出目标用户名单，为后续的“撒网”做准备。

通常，目标用户会集中在某一个或几个平台，而且会“浮在水面上”。比如微博就可以通过“找人”，筛选出某个领域的所有加V用户，这当然是最好的情况。但同时也存在一个弊端：这些“浮在水面上”的用户每天都会收到很多邀请，对此可能已经疲倦厌烦，这就增加了引入的难度，成功率也会相应降低。

对此的应对策略是，花费更多时间研究用户人群，挖掘同样具备实力但还没“火”起来的用户，与平台共同成长，实现双赢。这种做法听起来有点像星探挖掘明星，找到一个好苗子，然后拉到自己的平台上并且捧红。想要做好这点，运营人员必须对目标人群有足够深入的了解，知道具备什么特点的人是最合适的，因为这更多地依赖主观判断能力。

第三步：筛选目标用户。

在找到目标用户聚集的平台之后，下一步的工作是把他们筛选出来。在执行过程中，运营人员可以摸索一些规律和技巧。常用的方法是从搜索、榜单和热门推荐中寻找。图2-6是微博搜索“医生”，并且筛选出个人认证之后的结果，图2-7是知乎某个话题的最佳回答者。

类似这样的方法还有很多，需要运营人员在执行过程中找到最适合自己的、效率最高的方法。比如，豆瓣影评或书评排序位于前三位的用户、在微博搜索关键词之后再选出粉丝最多的用户、知乎热门问题的回答中票数最多的用户，这些都是很具体的筛选方法。

第四步：规划引入方式。

在知道目标用户在哪里、是谁之后，就要确定吸引他们加入的办法了。我们需要先考虑清楚以下两个问题：用户为什么加入你的平台，理由是什么？用户更容易接受什么样的沟通方式？

图 2–6 微博搜索“医生”的显示结果

首先，用户加入的最根本的理由就是产品价值。能给用户带来明显收益且存在差异化的产品才能吸引用户参与。比如，微博对于名人的价值是提升个人影响力，滴滴出行对于消费者的价值是实惠便捷。在引入用户之前，运营人员需要对此有非常清晰的判断。

图 2-7　知乎某话题最佳回答者

其次，用户更容易接受什么样的沟通方式。正如上文所说，浮在水面上的用户每天都会收到各种私信邀请，对此早已麻木，甚至会忽略这类信息，所以邀请文案怎么写直接决定了邀请成功率。通过分析下面

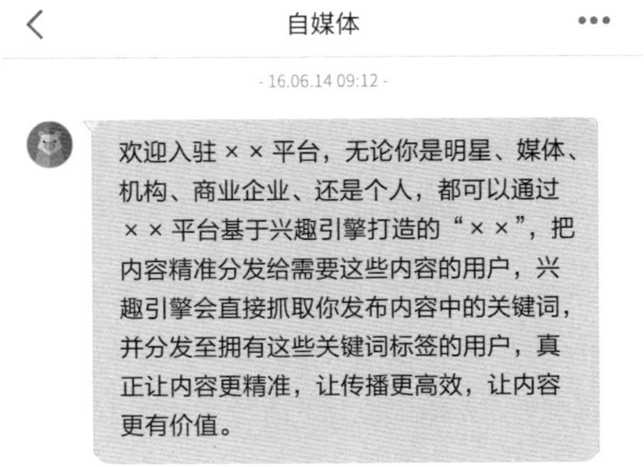

图 2-8　邀请入驻私信 1

三个具体案例，我们总结一下写文案时需要注意的问题。

没错，图 2–8 就是一条邀请入驻的私信，让人不免心疼这位运营人员。文案写得像“小广告”，只是复制了官方产品介绍，对被邀请人有什么收益却只字未提。更重要的是，即使有人想加入，也完全不知道该怎么操作，因为没有留下任何后续操作指引。

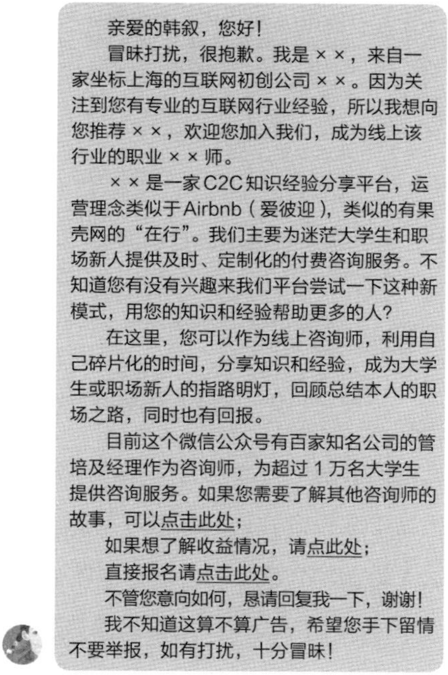

亲爱的韩叙，您好！

冒昧打扰，很抱歉。我是 × ×，来自一家坐标上海的互联网初创公司 × ×。因为关注到您有专业的互联网行业经验，所以我想向您推荐 × ×，欢迎您加入我们，成为线上该行业的职业 × × 师。

× × 是一家 C2C 知识经验分享平台，运营理念类似于 Airbnb（爱彼迎），类似的有果壳网的“在行”。我们主要为迷茫大学生和职场新人提供及时、定制化的付费咨询服务。不知道您有没有兴趣来我们平台尝试一下这种新模式，用您的知识和经验帮助更多的人？

在这里，您可以作为线上咨询师，利用自己碎片化的时间，分享知识和经验，成为大学生或职场新人的指路明灯，回顾总结本人的职场之路，同时也有回报。

目前这个微信公众号有百家知名公司的管培及经理作为咨询师，为超过 1 万名大学生提供咨询服务。如果您需要了解其他咨询师的故事，可以点击此处；

如果想了解收益情况，请点此处；

直接报名请点击此处。

不管您意向如何，恳请回复我一下，谢谢！

我不知道这算不算广告，希望您手下留情不要举报，如有打扰，十分冒昧！

图 2–9　邀请入驻私信 2

注：“点击此处”为网址链接。

当你阅读图 2–9 中这条私信时，会不会有点抓狂？因为它太长了，而且结尾还有三个链接，这些都极大地损害了阅读体验。除此之外，私信中用了太多文字描述项目的模式，这些并不是被邀请人最关注的，可以简单略过。

图 2–8 和图 2–9 这一简一繁两个案例，其错误归根到底是没有站在被邀请人的角度看问题，导致阅读体验差，转化率很低。

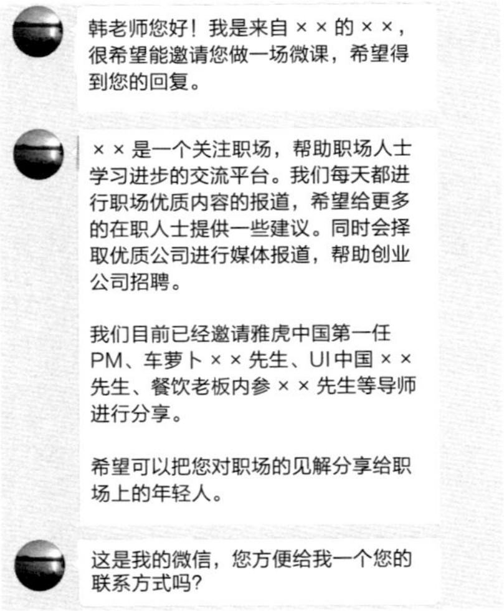

图 2–10　邀请入驻私信 3

图 2–10 的文案比前两个好很多。开头直接说明来意，并且对项目进行了介绍，最后留下联系方式，内容相对完整。但它的缺点在于不够口语化，对被邀请人收益的介绍不够，而且整体略长。

根据这三个案例，我们可以总结出撰写邀请文案的注意事项。

首先，保证易读性。对于被邀请人来说，这条私信是在预期之外的，只会随意地扫一眼，不会认真地逐字逐句阅读。所以，文字太多的、措辞太官方的、专业词汇太多的、语言晦涩的文案都是不合格的。最理想的文案应该像朋友之间聊天一样，自然又不失尊重。这样至少能保证易读性，让被邀请人一目了然，感觉轻松。

其次，突出对方收益。引入目标用户就是邀请别人参与某项活动，这就需要给对方一个理由，否则跟你素不相识的人为什么要加入你的活动。直接和清晰地告知对方收益，是达成双赢的最短路径，是文案中最应该突出的部分，也是最应该浓墨重彩陈述的内容。项目背景和模式与被邀请人有什么关系呢？

最后，提供足够的信息，为下一步操作提供方便。我们探讨怎么写好邀请文案，目的是让用户看到文案之后联系我们，加为微信好友或者填写申请表单，进入转化的第一步。为了达成这个转化，在文案末尾可以预埋一个对方可能感兴趣的点，如果想了解详细信息，就必须主动联系或者点击链接。当然，核心信息要简洁直接地给出，不能遮掩。如果为了吸引用户而影响理解，用户可能会放弃阅读，反而弄巧成拙。最后，务必要留下联系方式，或者提供方便用户进行下一步操作的路径，不要奢望用户会进行主动搜索等复杂的操作。

第五步：保证引入后的留存。

引入用户之后，根据一定的成功率推断，会有一部分用户转化为产品的用户，所以接下来就要考虑如何让用户留存。流失严重的产品是不健康的，引入再多的用户也没有意义，就像漏水的池子一样，永远也灌不满。在集中运营模式下，如何通过对已有用户的管理和激励实现留存，下文会详细讲述。

组织管理

与管理一个公司类似，管理用户组织需要建立赏罚分明的制度、合理的架构以及清晰的分工，这三点可以保证用户组织的长期正常运转，并且不断推进规模化。

制度包括组织定义、管理架构、工作内容和目标、成员的权利和义务等，是用户组织存在和运转的根本，也是日常行为规范。因为用户不会耐心地阅读文字描述，所以制度一般只强调权利和义务，而且权利和义务均以可视化图表和活动的形式传递给用户。图 2–11 是百度经验“回享计划”的相关制度。

图 2–11　百度经验“回享计划”制度说明

架构的设计是为了让用户组织可以承载更大的用户量级。一般来说，用户组织会设立金字塔式管理架构。因为一个运营人员能管理和服务的用户数是有上限的，比如最多 50 人，那么如果希望组建一个 200 人的用户组织，就需要四个运营人员。因为人力成本所限，一般的团队不会投入这么多，所以就要发挥用户的作用，让他们参与管理。通过搭建团队架构，一个运营人员只需管理 20 个高阶用户，这 20 个高阶用户各管理 50 个普通用户，最终相当于一个运营人员管理的用户总数为 1 000 人。图 2–12 就是组织架构的一种形式。

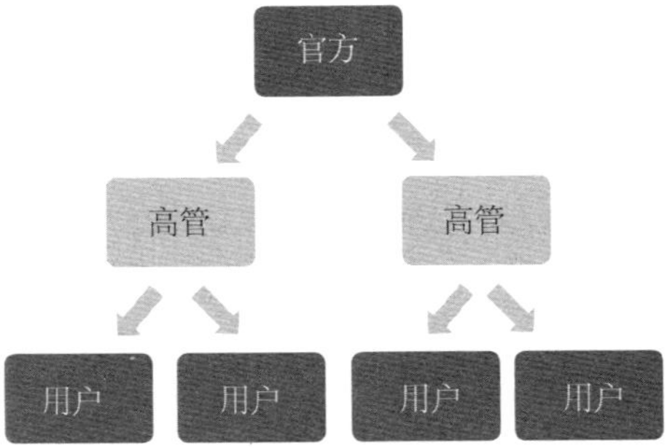

图 2–12　组织架构形式之一

分工是为了确保在用户组织的日常管理中，每个环节都有人执行。在运营人力有限的情况下，调动用户的力量，通过分工使其参与细节管理，既节省人力，也能保证执行效果。

比如，用户进入组织之后，需要一个观察和培训的阶段，至少分三步：预沟通→试用期→正式成员。其中每一步都需要有核心用户参与管理（暂且称为管理员）。详细流程如下：将引入的用户加入沟通群，由管理员为新人讲述用户组织的情况并答疑，再一对一与新人沟通，可当作面试。这一关通过后，用户进入试用期，管理员明确告知新人试用期的要求和时间节点，如果试用期通过，就算正式加入用户组织。

成为正式成员后，新人才可进入正式的用户QQ群或微信群。这个用户群就是用户组织的重要沟通平台，只有官方人员和正式成员才能加入，有严格的管理制度和成熟的方法。比如，要找到几位活跃的、有参与热情的用户协助官方管理，一人负责制度答疑、验证信息、修改群名片，一或二人负责活跃氛围和策划活动。考虑到用户需要时间互补，有时还需要排班换班，所以实际负责人数一般是3—5位。

管理并不局限于对群的管理，还需要监控数据，比如用户在组织要求的时间内，是否达到了贡献量、活跃度的要求，是否有作弊、捣乱或发广告的行为。针对不同情况，负责人要及时做出警告、封禁、清理等应对行为。

用户活跃

这里说的用户活跃仅针对集中运营的用户，通过运营手段促进其持续活跃，也就等同于留存。具体的运营手段主要包括制度和线上活动这两个方式。

制度是指用户组织的制度，具体来说，就是用户为了持续留在组织内享受权益，需要为产品做出的贡献，比如UGC内容或消费行为。

实际上，制度基本上是固定不变的，而且限定操作的周期长，从而导致这一方式变得很无趣，用户的活跃度也比较低。比如，制度要求用户每月需获得100积分，这就可能导致用户只在每月最后几天突击完成任务，其他时间并不活跃。这一制度的设计初衷是希望有更多日活或周活用户，但其实只能带来月活用户。

解决上述问题的办法就是策划线上活动，作为制度的补充。活动由运营人员发起，起止时间灵活，形式活泼，能缩短用户活跃的周期，也能大幅提升用户贡献的效果。我们还以上述每月需获得100积分为例，运营可以在此基础上每月再新增一个PK（比赛）活动，为期一周，按照榜单排序发放小礼品。这样的活动可以短平快地激励用户，把原本每月活跃一次的用户，转变为每天活跃并至少持续一周，最终提高了产品的活跃用户量。

除了上述两个措施，运营人员还可以从用户需求出发设计更多激励方式。比如，对人或内容进行优先展现，可以提升用户的荣誉感，带来的互动量也是实现用户激励的最重要因素。再比如，情感运营也非常重要，尤其是对于集中运营的这批用户来说，直接与官方沟通甚至做朋友就相当于特权，会激励他们持续下去。

一个典型的集中运营模式，经常会遇到的问题是，用户群超过150人之后，氛围和情感的维系状况就开始变差，活跃用户和沉默用户两极分化严重。久而久之，群里人数越多，活跃用户的占比就越小，这个群就会慢慢失去其作为沟通平台的价值。

这个问题很具代表性，大多数运营核心用户群或运营社群的朋友都会遇到。这个问题的出现有以下三个原因。

• 150 个用户最难管理

面对几十人的用户群，运营人员可以满足每个成员的需求，与个体建立情感连接，再聚合成一个群体。面对几百人的用户群，运营人员针对不同人群的不同需求制定对应的管理规则，类似于管理一个国家。

但 150 个用户介于上述两种情况之间，所以这两种运营模式都不适用，也没有折中的办法，所以从这个角度来说，这一规模的用户群管理的难度是最大的。（这里的“150”是一个概数，不是一个精确值。）

• 人数越多，差异越大。

群里人数少，关注的话题点就更容易聚焦，文化和氛围也容易保持。随着群里人数越来越多，兴趣和关注点开始分散，导致交流无法聚焦。活跃和沉默用户也开始呈现两极化：少数用户保持高活跃度，大部分用户屏蔽了群消息。

兴趣点分散和活跃度两极分化给群的管理带来了极大的难度，甚至可以说这个群已经“死”了。面对这样的状况，没有可选的折中方案，运营人员几乎无计可施，未能提前预防的话，只能换个群名字重新开始。

• 亲密度不会扩大。

在用户群里，个体之间的情感连接非常重要。结识更多朋友，与更多同好交流，这是群存在的意义。但与此矛盾的是，每个人的社交范围有限，亲密度不会因人群的扩大而扩大。

比如，在你和 6 个人一起吃饭时，可以保证所有人聊同一个话题，并且你和其他 5 人都可以保持沟通。但如果你和 60 个人一起吃饭，就会自动形成多个小团体，不可能再出现所有人交流同一个话题的情况。

以上三点，是用户群人数增速变慢和活跃度降低的原因。遇到这个问题，可以尝试用以下思路解决。

发挥已有活跃用户的主动性和资源优势，由官方提供授权、宣传推广、物质奖励和管理培训等支持，鼓励他们建立属于自己的兴趣小组。在这样的模式下，用户不再认为是给官方服务，而是为自己做事，转变了之前官方和用户的“附属关系”，变成了平等的互助合作关系。这就从根本上调动了用户的积极性，激励他们自愿拿出自己的时间和资源，全身心投入兴趣小组的运营。

假设有 50 个这样的兴趣小组，每个小组招募 20 个成员，累计人数就有 1 000 人，远远超过了之前提到的 150 人。另外，由于每个小组的规模不大，而且有专人在用心管理，所以活跃度也会比之前更高。按照这个模式推算，如果把 50 个兴趣小组扩充到 100 个或 200 个，累计的总人数就很可观了。

上述运营模式解决了用户群人数增速慢和活跃度低的问题，可作为集中运营的进阶模式。如果把兴趣小组定义为社群，那么这个模式就是社群运营。

玩法二：社群运营

社群在这里指有共同属性（如爱好、地域）的人群集合。社群运营就是鼓励用户自发组织社群，由官方提供授权、宣传推广、物质奖励和管理培训等支持，引导社群用户在产品上有持续和多频的活跃。

社群运营的特点

社群运营的模式有以下四个特点。

• 覆盖用户的量级大，而且有拓展空间。这就是上文中提到的，社群运营是靠用户自发建立和管理的，不会受限于运营的人力，所以理论上可以覆盖几千甚至上万的用户。

• 用户自驱动，充分利用和调动用户的资源和积极性。在集中运营模式下，只能依赖官方运营人员的精力、创意和资源。在社群运营模式下，用户会自愿主动地投入时间和资源，策划和推进项目。从某种程度来说，这也是一种资源整合，让有兴趣和有时间的用户有施展的机会。

• 对需求的把握度更高。做运营最重要的是把握用户需求，策划出用户喜欢的活动，但是这一点也是最难的。由于自身局限性，运营人员总是很难完全以用户视角考虑问题。所以，如果让用户参与管理，就可以解决这个问题，毕竟最懂用户的就是用户自己。

• 用户因共同属性聚集。用户因为具备某个共同属性才会有共同语言，才有动力聚集在一起。这个属性所覆盖的人群可能多也可能少，但只要特点明显并且可以明确区分就足够了。比如电影、足球、明星这样的兴趣属性，比如北京、上海、广州这样的地域属性，比如小区业主委员会、联盟商会等利益属性，比如孕妇、小升初的家长、车友会等细分属性。

社群运营的一般做法

在了解了概念和特点之后，下面用四点来讲述社群运营的具体做法。

• 根据需求确定社群方向。

分析产品的目标用户人群，尽量穷尽所有需求点，再选出适合社群运营的方向。比如，一个粉丝类产品，用户需求是支持自己的明星，包括了解动向、支持作品、参与活动等。如果产品是关于明星发布会、路演等线下活动的，就可以建立当红明星在各地的粉丝会，让粉丝参与、组织和宣传活动，为产品发展出力。

• 用户自我管理。

最重要的一点是，社群是属于用户的，而不是产品的“雇佣兵”。因为只有这样，用户才会全身心投入，才会调动自己所有的资源去运营这个社群。这是社群运营与集中运营最本质的区别。

产品的运营人员在这里发挥的作用是支持和指导。运营人员制定社群制度和用户权益，提供线上招募和推广的资源，以及线下活动所需的礼品等物质支持。

由于用户可能不擅长管理，运营人员还要跟进重点社群的进展，提供一些管理方面的建议。比如，严格控制社群人数，务必不超过100人，尽量在30—50人。

• 闭环的激励体系。

社群必须有价值，用户才会参与和活跃，这样也反过来促成社群的持续运营。这就需要设计一个闭环的激励体系，用户根据指定的“游戏规则”在社群开展活动，激励体系引导其成为社群的优秀成员、产品的优质活跃用户。这是社群运营中最难、也是最关键的一环。

对于如何构建激励体系这样的问题，很难一概而论。首先要看运营这个社群的最终目的是什么，如果是提升App的活跃度，那么所有的运营手段都应该是往App导流，用户群只是辅助的交流平台。具体来说，可以建立一个制度，比如用户每周至少在App上贡献一次优质内容，才能继续留在社群内享受特权，这就是一个最简单的激励闭环。

• 衡量指标。

社群运营属于用户运营的一个分支，所以也需要有指标来衡量效果和进展。由于运营社群的目的是提升产品活跃度，所以其核心指标与产品是一致的，比如带来的UV、UGC数量、订单量、次日/周留存等。此外，还有一些过程类指标，如社群新增人数、累计人数、活跃用户占比等，这些指标可以衡量社群本身的运营情况。

当然，在一些例外情况下数据无法提供，或者数据不能用来证明对产品指标的带动效果。这时运营人员需要进行主观判断，要相信不是所有的运营手段在任何一个阶段都有数据可以证明效果。所以，如果运营人员认为某种手段可行有效，就可以继续做下去。同时，也要有阶段性规划，以便及时做出调整。

以上社群运营的做法一般适用于从社群新建到初具规模的前期阶段。在拥有 10 个活跃社群、500 个活跃用户后，社群运营就开始进入规模化阶段。随着人力投入和资源消耗，社群前期的快速增长可能难以为继，当到达一个临界值时就会遇到增长瓶颈。以下三个问题是比较常见的。

• 人数增速变慢。在社群运营初期，依靠投入的推广资源，人数会快速增加。在总量不变的情况下，资源能为社群带来的拉动作用肯定会越来越小，所以人数增速会变慢。此时，如果没有新的资源或者更好的办法，增长可能会停滞。

• 管理成本增加。社群运营的管理模式是一个金字塔，由高管协助管理，官方只负责对接高管。但如果高管的人数增加，那么官方的管理成本一样也会增加。比如高管从 10 人增加到 50 人，官方的人力也必须从一人增加到至少两人。以此类推，高管人数越多，官方的人力成本越大。

• 缺乏产品落地。在运营初期，社群都是以 QQ 群或微信群的形式存在的，用户使用起来方便直接。但群是即时聊天工具，很难沉淀内容和关系，所以当社群人数增加，管理模式和活动形式也更复杂时，群的形式就很难满足需求了。如果能有自己的产品满足社群需求，那是最好不过的。但这会花费很多时间和研发成本，很多社群是无力提供支持的。

上述三个问题是社群运营发展到规模化阶段才会出现的。想要突破瓶颈，就必须调整之前的模式，否则社群的发展很可能会停滞。

这一问题的解决方案是建立社群的完整生命周期，根据不同的发展阶段提供相应的运营方式。其核心思想是把人力和资源分配给重要的社群，激励和协助他们为产品做更多贡献；同时，也为其他社群做出好的示范作用。

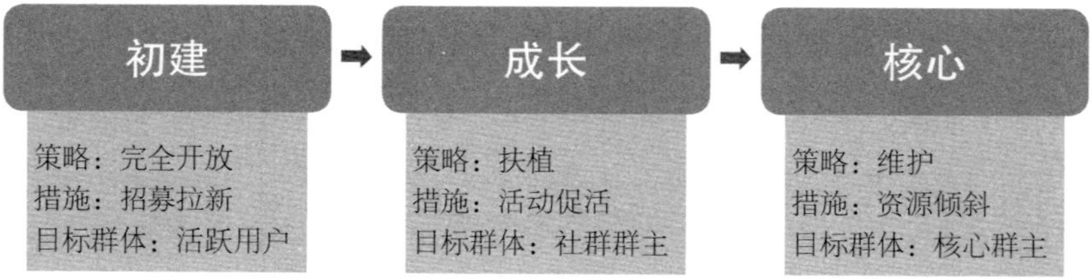

图 2–13 社群运营生命周期

我们把社群的生命周期分为初建、成长和核心三步，也就是社群从小到大的过程（见图 2–13）。针对社群在每一步的发展特点，运营人员要做出有针对性的运营策略。

• 初建阶段。在发展到规模化阶段之后，大量自发的新增社群开始出现。因为无法承担巨大的人力成本，所以运营人员不会再对新社群进行逐一审核和培训，只能在建立准入制度之后完全开放给用户自发创建和管理，官方并不介入。也就是说，这是一个自生自灭的阶段，但在不增加运营成本的基础上，增加了社群的用户基数。

• 成长阶段。在大浪淘沙之后，会有少数有潜力和高速成长的社群脱颖而出，并持续活跃。这时运营人员开始介入，关注和扶植这些社群，投入资源协助其推广和曝光，期望从中培养出可以进行成熟化运营的核心社群。

• 核心阶段。在整个社群中，绝大部分活跃度和贡献量都来自少量核心社群，这也符合二八原则。这个阶段的社群发展成熟、架构完善、规模较大，而且人才辈出。运营人员通过重点维护和资源倾斜，激励他们实现持续贡献最大化，保证整体社群的活跃度。

值得注意的是，运营人员在这三个阶段的执行过程中还会遇到很多细节问题。比如，这三个阶段的晋升标准是什么，是否要有降级机制；如何在没有产品落地的情况下，让用户感知这个体系等。这些问题很难总结出普适性规律，只能视具体情况而定。

案例 1 猫眼电影

猫眼电影积累了大量的影迷用户。与其他竞品不同，猫眼用户都是习惯去影院观影的购票用户。这个群体的需求可以归纳为购票优惠、线上交流、线下聚会、提前观影、读写影评等。依据这些需求可以判断出，线下聚会和线上交流更适用社群运营的模式。

线上交流，是指用户在群里和App上交流感兴趣的话题，比如正在热映的电影或明星动向等，这属于用户的兴趣属性；线下聚会，是指用户组织集体观影和聚会活动，通常是同一地区的用户才会参加，这属于用户的地域属性。猫眼电影从这两个属性出发，引导用户建立影迷类社群，希望覆盖万名活跃用户，从而拉升产品的活跃度。

首先，在已有的核心用户中找到合适的社群领袖，通过对其培训辅导和资源支持建立两个社群作为标杆，然后上线页面正式招募。在首次招募中，这两个标杆社群的作用很大，可以帮助浏览用户快速理解这一活动，同时也发挥了榜样的作用。

其次，通过站内资源和站外渠道推广招募页面，报名者可以通过

QQ向官方咨询详细情况。在这个环节中，可以由一位核心用户负责讲解规则和筛选报名者。

再次，筛选后的报名者进入新建社群的阶段，由官方协助确定社群的主题、制度和管理架构。这些工作本应由社群领袖完成，但在运营初期，官方需要参与很多沟通培训的工作，以帮助这个体系的建立。一旦度过这个阶段，社群就会自发运转起来。

最后，帮助这些新建社群的领袖招募成员，快速将这些社群发展到一定规模，成为第二批标杆社群，让持续观望的用户看到爆发性增长，吸引新用户参与，从而继续扩充社群规模。

这四步完成后，整个社群体系的架构就建立起来了，慢慢开始自运转。从具体效果来看，猫眼电影建立了50个城市的地方分会，基本覆盖了购票用户分布最多的几个城市，并且这个数字还在持续增加。之后，再将这批用户转化为App的活跃用户，可以提升贡献用户的量级。假设社群覆盖10 000人，每周有40%的用户转化到App，就会有4 000名贡献用户。这些头部用户可以及时贡献优质的影评和话题，对产品有巨大的带动作用。另外，分会还可以立足各个城市，协助猫眼电影持续做纵向品牌渗透，短期效果虽然很难用数字衡量，但仍然是收益之一。

很多产品与猫眼电影类似，是以兴趣为出发点的，比如美食、旅游、音乐、体育等，这类产品都可以尝试套用社群运营模式。

一名优秀的用户运营应该具备的素养

用户运营不管采取哪种模式，都与运营人员的个人能力与素质密切相关。一个优秀的用户运营人员所需的素质由工作技能和个人素养两部分组成：工作技能指在工作中所需的业务能力，比如怎么做好拉新、激励和留存；个人素养指内在的素质和修养，比如性格、爱好和思维方式。之前已经谈过工作技能的要求，这里主要谈一下对个人素养的要求。

广泛的兴趣

运营人员应该是有趣的、对生活充满热情的、对世界充满好奇心的，只有这样才能向用户传递充满正能量、有趣有料和令人大开眼界的信息，从而吸引用户更好地与产品连接。这也是从更高的视角解读用户运营。

要做到这一点，运营人员需要有丰富的知识储备，作为工作中的“弹药库”，按需索取。“弹药库”的储备，并非通过有目标的逐一攻破获取，而是由日常接触的信息日积月累组成的知识体系。所以，只有兴趣足够广泛，才能接触更多领域、积累更多信息。

之所以需要积累多个领域的大量信息，是因为用户运营的对象是人，涉及各个相关领域。比如做电影App的用户运营，运营人员不能只关注电影领域，因为电影属于泛娱乐，娱乐又与明星相关，而明星是离不开粉丝群体的，群体量级大、战斗力强的粉丝人群都是“90后”，“90后”又被二次元文化覆盖，所以做电影App，你能只关注莱昂纳多拿了奥斯卡小金人吗？不仅电影如此，其他垂直行业的产品也是一样的道理。

积累信息还有助于增强对优质内容的鉴别能力。我认为优质内容是将用户兴趣和文字美感结合的作品，既有很好的文学涵养，又易读有趣，可以平衡雅和俗的关系。因此，要增强对优质内容的鉴别能力，除了天赋之外，还要多阅读，以及培养对身边人和事的兴趣，多参与和思考。只有更全面、更细致地体会这个世界，才可以更深刻地感受文字的力量。

换位思考的意识

与设计师沟通需求时，很多人都会说："把这里改一下就行，很简单的。"虽说是出于善意，但其实这是很不尊重对方的行为。首先，对于设计师来说，没有哪种修改是很简单的，哪怕只是活动页面的标题，都需要设计；其次，设计优秀的作品是一个合格设计师的追求，过于强调简单就是对这种追求的轻视。

这个案例在日常工作中很常见，最核心的问题在于你是否理解设计师在乎什么，能否找到双方的共同利益所在。让我们来分析一下：设计优秀的作品是设计师的追求，而设计需求来自运营人员或PM，所以设计师对运营人员是有依赖的，他们担心的只是需求不明确、表达不清晰或时间点不合理，简单与否根本不重要。在明白这个道理之后，运营人员可以试着给设计师应有的尊重和发挥空间，共同打造优秀的作品，展现给更多的用户，或为产品带来很好的数据提升，这样既体现了设计师的价值，也满足了运营的需求。

运营人员总是希望获得PM、设计人员、RD的支持，所以很多书或文章重点讲述沟通方式和提需求的流程，但这些根本就不是重点。重点是能否换位思考并找到共同利益点，与流程的关系不大。这只是一个很小的案例，但我们可以从中了解到，与同事或者用户沟通，最重要的就是换位思考，尽力让自己成为对方，感受对方的利益和兴趣，这是一个优秀运营人员应该具备的素质。

人群特征的洞察

一个用户运营人员每天都应该问自己：我的用户是谁？他们是一群什么样的人？坚持思考，你会发现自己对用户的认知会越来越深刻。

所谓"用户是谁"，不仅是指了解用户的性别、年龄、所在地、收入等人群属性，还包括洞察人群特征。具体标准很难列出，但可以通过描述一些有代表性的特征，与其他群体明确地区分出来。如：

- 喜欢听李志。
- 疯狂找人拼单的海淘用户。
- 女权主义者。
- 电影《小时代》的粉丝。
- 天天逛知乎。
- 两岁孩子的全职妈妈。
- 锤子手机用户。
- 每周去电影院看两场电影。

以上只是举例，并非是同一人群的特征。如果对产品的目标人群可以总结出 3—10 个这样的特征描述，再结合性别、年龄等人群属性，就可以对这个人群有更深刻、更全面的认识。

想要获得全面认识，需要大量走访和结识典型用户，潜心学习行业的背景知识，再结合主观分析和判断得出结论。具体分为两步：搜集用户信息和主观分析。

第一步是搜集用户信息。试着穷尽目标用户范围内的所有类型，而且不只是通过线上或电话沟通，还要多进行面对面交流，甚至进入这个群体的圈子，结识朋友，这样搜集的信息才是最接地气的。

第二步是主观分析。对所搜集的用户信息，结合一些有关人性和群体的理论进行主观分析，从而得出结论。这里说的理论，可以通过阅读经典书籍来学习，比如《乌合之众》和《社会性动物》等。

执行落地的能力

我一直认为，单纯地阅读文章或听有经验的分享，对实际运营操作的作用有限，最多只能是有所启发，并不能找到解决工作难题的答案。因为即使理论再详尽、案例再多，也只是在某种条件下成立，和自己的处境可能差别很大。

所以，从理论到执行只有一步，却有很多人迈不过去。因为理论和实际完全是两回事。你肯定见过这种情况，一屋子运营人员在进行头脑风暴，有的人滔滔不绝，有的人总是低头沉思。假设他们都在认真参与，那么前者就属于创意型运营，后者属于执行型运营。

头脑风暴结束，大家达成共识，创意型运营人员拍屁股走了，执行型运营人员留下来思考这个方案是不是有漏洞、第一步该从哪儿开始、预先做什么准备。这就是两种不同类型的人才，他们各自的思维方式和特长不同，团队需要这两类人同时存在，他们彼此互补和互相促进。

如果从上述两类人中选其一做用户运营，我会选执行型。因为对于运营人员来说，执行落地能力是最有价值的，这是从理论到结果的最后一步。理论不懂可以学，只要努力就很容易学会，但执行能力可不是这么简单的。以下是我总结的执行型运营人才的特点。

- 逻辑性强，习惯分步规划。
- 思维缜密周全。
- 勤奋、有韧性。
- 关注和追求细节。
- 性格和思路偏保守。

当然，将运营人员简单分为两类人，这显然是不科学的，这里只是假设仅存在两个极度典型的类型。在实际情况中，大多数人都是两种类型的综合，只是会存在不同的倾向性。

如果你是执行型人才，说明你很适合做用户运营，但要多注意总结提炼方法论，提升自己的大局观和团队管理能力；如果你是创意型人才，那么尽量选择市场、品牌、策划等外向型岗位，可能会更适合发挥自己的特长。

当然，用户运营所需的个人素质可不止上述四点，还包括：

- 超强的亲和力，包括语言和文字两个方面。
- 敏锐的直觉，尤其是对于热点和用户喜好的判断。
- 灵活变通的做事方式。
- 面对新鲜事物的开放心态。

需要说明的是，每一类人才都有适合自己的岗位，只是对用户运营来说，执行相对更重要一些。

相信在不同的从业阶段，对这些内容的感受也是不同的。

小黑板

1. 用户运营通过对用户群体的引入、激励和留存，提升产品的用户活跃度和忠诚度。

2. 用户运营的价值：保证用户活跃和内容贡献、直接获取用户反馈、协助运营工作的展开、对外品牌传输。

3. “金字塔式”运营模式的本质是体系化、精细化运营的运营思路，针对性更强，也更有效。

4. “集中运营”和“策略运营”是用户运营的两种方式，可以根据产品所处的阶段或运营现状选择使用。

第三章

内容运营

广义的内容包括音乐、影视、广播、出版等。比如，前新浪网总编辑陈彤加盟小米后就负责内容运营，这里的内容就是从广义上说的。

狭义的内容运营主要出现在互联网领域，属于运营手段的一种，常见于内容或用户类产品，如百度贴吧、微博、虎扑、哔哩哔哩；也包括视频类产品，如腾讯视频、爱奇艺；纯交易或工具类产品涉及较少，如天猫、美图秀秀、墨迹天气、美团外卖，这样的产品即使有内容运营的分工，也不会很重要。

与用户运营一样，下面从概念、价值、做法等方面，结合案例讲述内容运营。

内容运营的概念和价值

一切以人为本，有需求就有供给，这是人类社会的规律。所以，正因为用户有在互联网上消费内容的需求，比如看视频、段子、新闻、深度分析等，才会有这么多产品提供内容服务，才会有内容运营这个岗位。

因此，内容运营就是通过生产和重组内容的方式满足用户的内容消费需求，提升产品的活跃度，以及用户对品牌的认知度。

PM和RD的职责是把产品打造出来，但这并不代表一定会有用户使用。这时就需要运营人员推动产品和用户建立连接，用渠道推广的方式让更多用户了解和使用产品，这就是拉新；运营人员用内容、用户、活动等方式，给予用户更多使用产品的理由，这就是活跃和留存。

所以，运营的价值是连接用户和产品，在两者之间建立纽带，让用户了解和使用产品，也让产品向用户传递价值。内容运营是建立纽带的方式之一，其他方式还有用户运营、活动运营、品牌运营等。这个纽带就是内容运营的价值。运营人员通过推出优质内容和图文展现的方式满足用户的需求，并吸引用户持续访问。

用身边小事讲述内容运营的作用

内容运营对产品的作用到底有多大？我们举一个实际生活中的例子，相信能让你一目了然：小明准备装修新房，于是来我家参观取经。来之前，小明计划借鉴我在小空间里摆放书架、工作台和床的经验，包括怎么处理异型窗户，因为小明也遇到了这些难题。

来之后，小明被我家的浅灰色调所吸引，甚至落地灯都让他印象很深。还没等我介绍，小明已经对我家的家居风格有了初步判断。离开时，小明对我家的装修风格有了清晰的整体印象，不仅包括家具摆放和室内改造，还包括那些可爱的装饰品。

在这个故事里，小明是用户，“参观取经”是需求，“我家”是产品，“装修”是内容。来我家前，小明有明确的理性需求：学习解决装修问题的办法。来我家后，小明对色调风格和小装饰品印象很深，这是直观感性的收获。离开我家，小明不仅学习了怎么装修，还对我家的风格定位有了整体认知。

简单来说，通过依附产品（我家）的内容运营（装修），不仅满足了用户（小明）理性的内容消费需求（参观取经），还让用户感性地对产品调性有了认知。

所以，内容运营的作用可以总结为两点：满足用户的内容消费需求，以及传递产品的定位和调性。

满足用户的内容消费需求

内容运营最重要的作用当然就是给用户提供想看的内容。此处将内容需求细分为四类。

- 获取资讯，如网易新闻、今日头条。
- 打发时间，如糗事百科、微博。
- 深度阅读，如知乎、好奇心日报。
- 消费决策，如小红书、什么值得买。

当然，产品在满足这四类需求的时候也会有交叉，比如微博既能打发时间，又能获取资讯。

传递产品的定位和调性

通过内容使用户对产品产生某种感知，形成特定印象。如果把产品当作一个人来看，产品调性就等同于人的性格。

当一个陌生人迎面走来时，首先进入你视线的是他的外在形象：整齐的发型、笔挺的西装、文雅的金丝框眼镜。接着，你会通过外在行为感受他的内在气质：和善的笑容、优雅的谈吐、强大的气场。因此，几乎在看到他的一瞬间，你就已经对他有了某种印象，而产生这个印象的过程是不需要专注思考的，是一种直观的、下意识的反应。

这一瞬间的直觉几乎决定了你对这个陌生人的印象，会直接影响此后的交流，比如一见钟情。简而言之，通过外在形象与行为感受内在气质，从而对这个人形成直观印象。套用在内容运营中，就是通过内容传递给用户产品定位和调性，从而让用户对产品形成某种直观印象。

用户对产品的直观印象，除了来自UI（用户界面）设计之外，内容也发挥着很大的作用，比如一个标题、一段文案、一张焦点图。下面列举三个App的首页，我们可以感受一下内容是如何传递产品调性的。

a

发现
Surfer Blood
专访
佛罗里达不是
冲浪者的天堂
音乐期刊
全部
vol.
834
那时代
736
118
华语
流行
八十年代
发现
社区
活动

b

c

图 3-1　App 首页示例

三个风格各异的首页会让用户产生特定的不同认知，传递了产品的定位。这些页面并非“本来就是这样的”，而是内容运营通过自产和筛选内容，设计出了用户看到的页面。试想一下，如果这三个页面只有框图没有内容，就像只有骨架但没有血肉的人一样，即使UI再好，用户也不会产生任何感受。

其中的关键在于运营人员如何自产和筛选内容，才能达到期望的效果。这个决策的背后是分析思路和执行方法，下面就重点讲内容运营的模式。

内容运营的两个模式

从最早的网站编辑到后来的网站运营，再到现在的内容运营，这个岗位在不断演变。在目前内容运营的工作模式中，有一部分延续了之前的工作内容，类似于编辑工作；还有一部分是借鉴产品运营的思路，是有创新元素的。所以，内容运营可以分为传统模式和创新模式。

传统模式

我们用三个案例来说明内容运营的传统模式。

• 知乎日报。为了增强知乎的内容分发能力，提升内容被浏览的次数和分布广度，知乎将用户产出的优质内容进行筛选、整合和包装，通过独立App的产品形态展现给用户。

• 虎扑体育。虎扑体育新闻的特色是翻译国外媒体内容。通过满足用户获取此类资讯的差异化需求，运营人员打造品牌认知，从而提升访问量。其具体实现形式是由官方人员完成翻译和编辑发布，对运营人员的新闻筛选和文案能力要求很高。

• 喜马拉雅。通过架设PGC平台，喜马拉雅引入各类优质音频内容。运营人员将这些内容筛选后，在首页等展示位推荐，起到流量分发的作用。同时，喜马拉雅还通过算法针对用户做个性化推荐。这两种方式相结合，可以满足用户收听音频的需求。

以上三个案例运用的就是内容运营的传统模式，近年来在业内很常见。其特点是高度依赖运营人员的编辑策划能力，以及工作量巨大；优势是可以保证内容的质量和及时性。

保证内容质量是指，运营人员的深度参与可以保证选题角度、标题文案和内容排版的质量，保证了整体的品质和调性。这不仅提升了用户的阅读体验，还有利于打造产品品牌，以及为UGC树立内容标杆。

就内容发布的及时性而言，从web1.0①时代到现在，各大门户对于内容及时性的要求都很高，一般媒体平台编辑的工作都需要“三班倒”。对于非资讯类产品来说，道理也一样。只有人力跟得上，才能做到及时响应，否则UGC运转得再好也不行。

以上传统模式的两点优势是显而易见的，也是目前各大媒体平台所追求的效果，但传统模式也有劣势。

首先，它与用户是割裂的。虽然运营人员可以通过数据和用户反馈来判断内容质量是否可以满足用户需求，但从根本上来讲，内容运营和用户还是割裂的。

在策划内容时，运营从构思选题到完成产出，全过程都是单向的，仅代表运营人员的观点和视角，与用户没有任何交集。这个工作模式就决定了产出的内容不是从用户角度出发的。所以不管运营怎样努力以用户需求为中心，实际上也很难做到。

---

① 此处指第一代互联网时期，其主要特点在于用户通过浏览器获取信息，以网站对用户为主。

其次，内容很难差异化。为什么运营公众号那么难，粉丝增加那么慢，原因之一就是如果大家都追热点，那么内容的差异化空间不大；如果不追热点，又很难吸引大量的用户关注，粉丝增长就更慢。

做内容运营的道理也是如此，运营人员都在拼优质、拼更新速度，甚至在“搏眼球”，从而导致内容同质化严重，用户的注意力被分散，影响了内容运营的效果。

最后，覆盖用户量有限。即使受众人群是大多数用户，也会受到内容产出量和展示渠道的制约，再加上日益细分的用户需求，必然导致长尾需求无法得到满足。

内容的产出量是由运营人力决定的，是有天花板的；展示渠道是由产品形态决定的，通常都是屈指可数的；但细分的用户需求却有很多，而且需求覆盖的用户总量很大。这个覆盖量与细分需求的矛盾是传统的内容运营模式所不能满足的。

以上三点是传统模式的劣势，很难绕过。解决办法是将内容融入产品设计流程，借助产品为用户提供场景化和个性化的内容。这就是第二个模式：创新模式。

创新模式

创新模式的具体做法可以分为场景化、个性化和产品流程化。

场景化

将用户使用产品的场景逐一列出，再对应场景列出需求，最后再根据需求策划内容。通过这个过程将用户和内容连接起来，便于更好地满足用户需求。简化表达如下：

用户→用户场景→场景下的需求→用于满足需求的内容

以电影App为例，受众用户是去电影院观影的人，用户场景大致是观影决策、购票、取票、观影、互动（也可能没有），每一步都有针对性的需求，都可以提供相应的内容。

以其中的“购票”环节为例，我们调研发现，用户在购票后还希望做好观影当天的时间计划，了解电影或影院的相关信息，做到心中有数。列举几个具体需求：

• 交通方式：包括地铁/公交路线、停车场位置和收费标准、打车费用预估等。

• 附近商圈：一般看电影是系列活动中的一部分，还包括吃饭、喝咖啡、购物、打车等。所以，其他需求包括附近餐饮、品牌店、商场的推荐，甚至打折信息汇总等。

• 实地情况：如果这个电影院对用户来说是陌生的，产品还可以提供更多图片来展现电影院及周边的情况，让用户提前了解实地情况。

• 家长模式：如果带孩子去看电影，用户就会关心附近适合儿童吃饭、娱乐、休息的地方，比如儿童乐园。

运营人员列出这个需求名单，有针对性地搜集和制作内容，并将“吃喝玩乐”的各项服务串联起来，再将内容推送给刚刚完成购票的用户，便于用户及时翻阅。能提供这种贴心的差异化服务，对用户来说也是超出预期的，可以极大地提升用户满意度。在产品和服务同质化加剧的今天，这些细节体验，很可能就成为用户选择某一产品的理由。

值得注意的是，在具体实操中，为了保证内容的质量和准确性，只能由运营编辑产出内容。又因为电影院很多，所以运营人员无力提供全部影院的相关内容，可以先从购票量大的影院开始做起。

个性化

即使在同一个产品中，用户的特点、需求、活跃度也会有很大差别，就像同一个小区的住户也分男女老幼。如果面向全部用户按统一标准提供内容服务，就好像对小区里的全部住户发放同一种物品，肯定只能满足一部分人的需求。

对于产品来说，需求得以满足的用户数量越大，产品本身的受益就越大，具体体现在DAU/UV、UGC、品牌认知度等方面。要达到这个效果，我们就要把用户按照不同特点分类，如人群类型、兴趣、活跃度等，再有针对性地为不同人群提供个性化的内容。就相当于把小区里的住户分为老人、儿童、青壮年、白领、蓝领、工作在中关村或国贸等类型，再提供不同的服务，满足他们的不同需求。

以母婴类App为例，产品的受众人群分为备孕、怀孕和0—N岁这三个阶段，每个阶段的用户特征和需求都有明显的差异。怀孕期是以周为单位的，每周准妈妈的感受、需要注意的问题、孕检事项、所需物品都不同，所以母婴类产品在提供内容时，按照阶段来做个性化的内容运营。现阶段母婴App在这个方面已经非常成熟了，一般都遵循这一原则，通过人工编辑优质内容，再根据用户所处的不同阶段进行产品推送。

产品流程化

用户在完成一个完整的产品操作流程之后，往往会关掉页面。这种情况存在着用户流失的可能性，因为情况允许的话用户完全有可能继续操作，但是产品流程结束了，用户也只好结束操作。

内容运营可以借鉴这个思路，在已有的操作流程之后新增符合用户需求的内容，在不伤害用户体验的基础上，挽回这部分流量，增加步长。这个思路在电商领域已经很常见，主要出现在下单结束后的相关产品推荐中，以此拉动额外的购买转化。但对于用户产品或工具产品来说，这一思路还有很大的发展空间。

以旅游类App为例，除了天猫、京东等传统电商之外，携程这样的旅游类产品也有下单环节。用户的操作流程是：确定目的地、选定商品、填写信息、完成付款，理论上此时完整的产品流程已经走完了，但实际上用户的需求并没有结束，因为在完成旅游产品的购买后，用户就需要为出行做准备了。

用户可能不会马上开始收拾行李，但至少希望知道注意事项和旅游攻略等信息。如果在交易流程结束后，产品能提供这样的相关内容，就能拿到这部分流量和增加步长。更重要的是，这本来就是符合用户需求的内容，能够提升用户的满意度。

再来看看外卖类App。和旅游类产品类似，在完成外卖费用的支付后，这个环节是可以利用的。但与旅游产品不同的是，下单结束后用户将进入等待送餐的阶段，如果用户着急用餐，会经常查看送餐进度。在这个等待的过程中，如果可以推送给用户相关内容供其阅读，就可以让用户消磨等待的时间，缓解用户焦急的情绪，间接改善了用户体验。

比如，饿了么在完成下单的页面放了一个叫“谁去取餐”的小游戏。让用户在等待送餐的时间玩游戏，与推送相关资讯的作用一样，但更有趣、更应景。

内容运营的实操方法

分析了内容运营的两个模式，下面具体拆解内容运营该怎么做。模式是更高层面的策略，而执行环节是将策略落地的方法。

分析思路

首先，确定产品定位和目标人群。然后，根据目标人群特征，确定内容定位。最后，在实践中反复调整校正。

从图 3–1 中三个App的首页可以看出，它们的内容风格和调性相差很大，最根本的原因是每个产品的定位和人群不同。以AcFun弹幕视频网站为例，它专注于二次元内容，用户人群特征很强，所以整个产品的氛围很好。这就是它的用户忠诚度比各大视频网站高很多的原因。

前两步是确定产品和内容定位，之前已经讲过，这里不再展开论述。我们重点分析一下第三步，即如何在实践中反复调整校正。

难点之一是内容标准难界定。

我们希望通过内容运营满足用户的需求，吸引更多的用户访问。但是什么样的内容才算好内容，并没有特别明确的界定，我们很难把握。所以，在执行过程中团队需要反复讨论、确认和领会这个标准。遇到超出范畴的情况，大家要提出来公开讨论，再次达成共识。如此反复，方能形成一个内部标准。当然在这个过程中，负责人就是掌舵者，内容标准基本上就是他的观点的体现。

难点之二是KPI容易影响内容定位。

在内容运营的执行过程中，很可能会出现这种情况：对于符合定位的内容，用户数据暂时不高；而在定位范围之外的内容，用户却非常喜欢。这是由很多因素造成的，比如用户来源与产品定位不符，或用户对娱乐类内容需求量大，对深度内容需求量小等。

这时如果运营人员单纯以KPI为导向，不能清晰地分析背后的原因，扛不住压力，就会偏离最初确定的内容定位，导致产品定位不清晰，影响产品的进一步发展。

正确的做法是，运营人员在执行前就了解用户需求的量级，预估之后的风险。遇到数据低于预期的情况时，运营人员要分析具体原因。如果是在正常预期内，就要顶住压力继续尝试下去，不要被路边所谓的美景所诱惑。运营人员即使调整内容方向，也应该是因为经过证实的实践结论，而非盲目追求数据。

执行方法

从内容产出源的角度来说，内容运营的方法分为官方产出和用户产出两种。

官方产出

官方产出指的是网站编辑或内容运营人员独立策划和制作完成的优质、深度或重要的内容。官方产出的优势是可以控制内容发布时机和质量，达到满足用户需求和传递产品调性的目的；劣势是人力成本高，不适合量产。

官方产出的形式有专题策划和深度报道，举例如图 3-2 所示。

用户产出

用户产出是指内容由用户策划、制作，包括经常提到的UGC和PGC。但现阶段互联网产品展现的内容大多数都是经过二次加工的，所以这里说的用户产出，其实是UGC附带二次加工。

“二次加工”不是指修改用户的内容，而是通过产品策略或人工运营的手段优化内容展现形式或优先级排序。我们用以下三个案例来说明。

图 3-2　官方产出内容示例

案例1 知乎

知乎是一个UGC平台，timeline（时间轴）①里选取展现的内容是靠产品策略完成的，完全没有运营人工干预。保证timeline的干净是知乎的底线，即使找不到很好的盈利方式，知乎也不会干预这里的内容展现（见图3-3）。

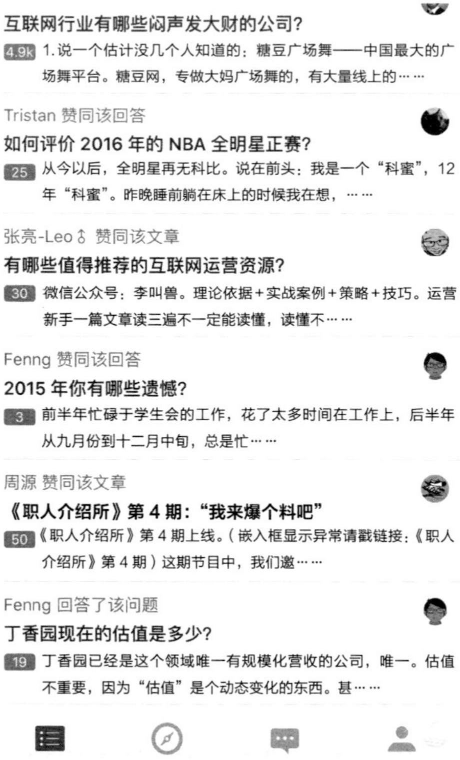

图3-3　知乎timeline

① timeline：一种内容展示方式，围绕关注对象产生的动态，基于时间顺序进行展示。

案例2 猫眼电影

图 3–4 是电影《美人鱼》在猫眼电影的短评列表页，我们可以看到电影在上映 7 天后已经收到了 35 万条短评，但浏览用户肯定只看最上面的几条，所以优化短评排序是非常重要的。靠人工排序肯定不现实，因为量大且主观因素太强，所以要靠策略排序，目标是找出优质的、受欢迎的短评。

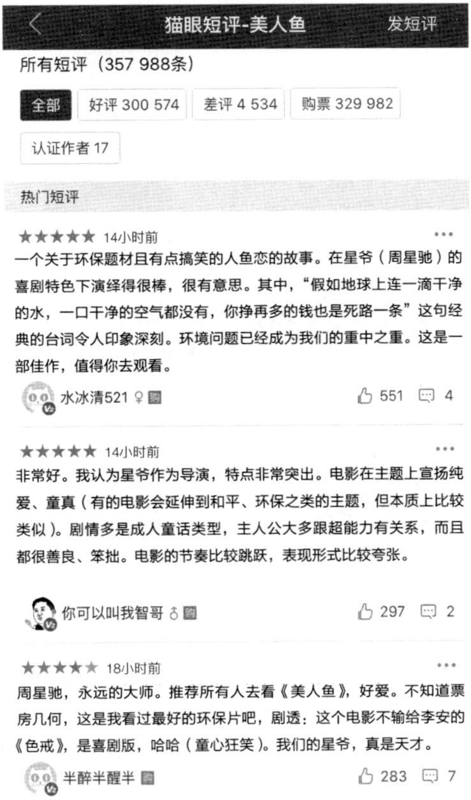

图 3–4　猫眼电影《美人鱼》短评列表

案例3　今日头条

今日头条通过算法为用户推荐有价值和个性化的内容。从用户的视角来看，每次打开这个App，都能看到自己感兴趣的内容，这就是很好的体验（见图3–5）。

图3–5　今日头条推荐页面

除了官方产出和用户产出之外，一些执行中的细节也很重要。比如内容的排版、帖子回复的预埋，都是内容运营必须要做的事，会影响项目的最终效果。

如果内容排版乱、段落不清晰、重点不突出、配图不合适，原本优质的内容在用户看来已经不再优质了，用户很可能立即关闭页面。因为有耐心看完内容的用户越来越少，大家更多的时候只是扫一眼内容而已。

如果运营人员没有在帖子的前几楼预埋回复，就不能保证评论区的舆论导向，可能会影响整个讨论的氛围，从而影响话题的效果。更严重的是，如果评论区的前三条内容含有质疑或谩骂，这很可能毁掉一个项目。

这些执行中的细节看似是小事，但会影响用户的阅读体验以及内容运营的最终效果，所以运营人员要对这些细节给予足够的重视，保证每个环节都执行到位。

关于push的三点看法

push（推送）只是一个普通的功能，每个App都可以发送。发或不发，给谁发或发什么，这些都是运营人员可控的。但这个功能好像有魔力，让用过它的人欲罢不能。因为push是产品直达用户的最近通道，可以让用户在无意愿、无场景的情况下启动App，是快速提升产品数据的捷径。

所以，对于push资源的管控，甚至比文案和内容本身更重要。肆无忌惮地使用push会伤害用户体验，App卸载率会提高。

一般情况下，push属于内容运营的工作范畴，所以我们详细分析一下push。

完全精准的push是不存在的

很多朋友说，他们可以按照用户特征、操作行为、内容分类等维度，做精准化push。听起来这是一个很好的解决方案，但实际上不可能做到完全精准，肯定会有一定数量的无关用户被覆盖，因为用户的特点太复杂、太不可控了。

即使每天使用Keep的用户也有可能被提醒健身的push打扰，因为用户的作息时间充满了差别；即使是一个十几年的曼联球迷，也不一定喜欢虎扑在比赛过程中不断push进球消息，因为这时候他很可能正在看直播。

不管push的逻辑多么清晰，人群多么细分，push也会打扰到用户。所以，运营人员只能努力去寻找产品收益与用户体验之间的临界点，在用户可以忍受的范围内，提升产品的收益。

让每条push都有点儿追求

不管什么类型的App都在盲目追热点，比如跟风使用网络热词做文案。所以，我们看到的是一个个使出浑身力气的标题党，push的内容也毫无创意。

我反对push这样的内容，因为这对产品来说是没有意义的。从产品收益的角度出发，push应该体现自己的特点，要有独特且符合产品定位的观点，这就是我说的“有点儿追求”。

毫无差异化的push，不仅用户不会买账，还会降低产品的美誉度，甚至导致App被卸载，这个损失是非常大的。或许正是因为只看到push的拉动效果，但看不到push导致的卸载数据，所以才让大家这么无所顾忌。

由高级别员工掌管push资源

对于push来说，不仅标题和内容是重要的，频率、数量、时间点等因素也非常关键。所以，只有加强对push资源的管控，才能将整体效果最大化。如果让一名普通员工负责push资源的管控，可能会因为视角问题和信息量不足，做出不合理的判断；也有可能因为其他同事或上级施加压力，而被迫push不适合的内容。

如果换成一名高级别员工负责，如经理或总监，那么他们对项目的把控会更到位，接收到的信息更全面，有利于做出更合理的决策，也完全有能力承担更大的压力。

不能量化的收益也有价值

运营是以目标为导向的，以数据为衡量效果的依据。对于社区来说，策划有奖活动，收益是社区活跃度，衡量数据是互动量；对于电商来说，包装爆款活动，收益是店铺流量和品牌，衡量数据是成交量。反之，如果运营措施不能带来直接的、可量化的收益，那么这项措施就没有价值，可以不做。大多数情况是这样的，大部分团队也是这样判断和执行的。但是运营人员还是会做一些没有直接效果和可量化收益的活动，有的是维持产品正常运转而必须做的；有的是运营人员主观上认为有价值却又很难论证的。

这样的难题一般都出现在内容运营的工作中，我们举三个例子加以说明。

• 启动图。很多App都会围绕启动图做运营策划，从而起到活动宣传、资源置换、售卖变现、传输产品调性的作用。每天做出一张符合产品调性的启动图，需要持续投入人力，却无法产生量化的收益。

• 内容带动交易。现在的很多电商或交易类产品不再是赤裸裸的销售了，而是通过优质内容辅助用户做消费决策。这一模式对内容质量的要求很高，靠UGC和PGC是达不到要求的，只能依赖官方策划产出，却无法区分哪些交易是通过内容带来的。

• 内容填充。简单地说，内容填充是指运营人员手动填充内容或对内容进行规范化整合。这里的内容是多样化的，包括文字、图片、视频等，应用于社区、音乐、电影等类型的产品中。没有这些内容，产品就无法传达自己的定位和调性，也就没有了灵魂，但每条内容能带来多少用户却无法量化。

以上情况有一个共同的特点，即运营的效果无法量化，并且对于产品的最终指标没有直接的拉动作用。

运营是有价值的，但是有时不能直接量化，也就无法描述其作用。比如，员工在公司每上一天班，就可以拿到一天的薪水100元。有薪水是上班的直接收益，薪水的具体数字100元就是量化收益。“直接”代表了前后两者的因果关系，“量化”是指可用数字来表达。

假设运营的目标是提升产品的DAU，所以运营人员做了“每日1元抢购”的活动，期望能够带动DAU的提升。在这里，目标与活动两者存在着直接的因果关系，而且DAU的提升是可以量化的。

我们在这个案例的基础上继续假设，为了提升DAU，除了做活动以外，还可以在各大应用市场做付费推广，以带动新增激活，只要留存不变，就可以带动DAU的提升。这个运营措施对最终目标有间接提升，因果关系也很清晰：运营措施（付费推广）→实现路径（新增激活）→最终目标（DAU提升）。

综上所述，没有直接量化的收益，叫作隐性收益；反之，就是显性收益。内容运营带来的收益很多时候都属于隐性的，下面分三种类型来说明。

图片类

图片类一般包括启动图、背景和头像这三类。

启动图的常见玩法及作用是：活动宣传、资源置换、售卖变现、传输产品调性。前三种情况只是把启动图当作资源位，重在管理而非运营；最后一种情况是内容运营人员应该下功夫的，很多产品在这方面做得很好，下面举几个例子。

案例 1 网易新闻

网易新闻请冯仑、陈可辛等人各用一句话来传递网易新闻“有态度”（见图 3–6）。

图 3–6 网易新闻品牌推广

图 3–7 是在面对“巴黎恐怖袭击”这样的大事件时，网易新闻做出的响应。它的思路是从人文关怀的角度传递产品的品牌形象。

图 3–7　网易新闻对大事件的响应

案例 2　闲鱼

闲鱼在科比告别赛当天做的启动图，文案是“永远和你在一起”。其用意是表达虽然科比不在球场上了，但我们还在。此处是否贴切另当别论，但至少它把热点和产品结合起来了，我们能看出运营是有策略的（见图 3–8）。

图 3–8 闲鱼对大事件的运用

案例 3 回家吃饭

运营可以结合的热点，不仅包括巴黎恐怖袭击和科比退役这样的大事件，还包括各种节日，甚至“回家吃饭”利用节气进行运营（如图 3–9）。

图 3–9 “回家吃饭”对大事件的运用

案例 4 UC浏览器

经历过高考的你，看到图 3–10 这个文艺范儿十足的启动页，应该会对这个浏览器留下很深的印象吧。

图 3-10 UC浏览器对大事件的运用

案例5 猫眼电影

猫眼电影每天都会推出一张启动图，内容是电影海报和一句话文案（见图 3-11），负责这件事的内容运营人员是一位有几千部观影量并且有审美追求的同学。持续运营一段时间后，人们在社交平台上看到了这样的称赞（见图 3-12）。

从这些反馈可以看出，用户会关注和喜欢这三秒钟，甚至有人说，每天打开一次猫眼电影就是为了看启动图。这就相当于一个“文艺版”的签到功能，属于非常典型的隐性收益。

图 3-11　猫眼电影对大事件的运用

图 3-12　用户对猫眼电影启动图的评价

案例 6　天气通

天气通的背景图片都很美，而且可以根据用户所在的地理位置展现附近的标志性建筑（见图 3-13）。

背景图片肯定不会自己爬到 App 上，天气通通过外部合作和用户作品招募，拥有了源源不断的优质图片资源。这就是运营措施带来的收益。

图 3–13　天气通背景图片示例

案例 7　700bike

700bike（柒佰科技）这个骑行类App的背景图也是由运营人员负责的，包括图片的选取和文案的拟定。运营人员也会根据情况，上线与节日或活动相关的背景图（见图 3–14）。这个案例与天气通类似，就不再展开分析了。

图 3-14　700bike 背景图示例

案例8　在行

想知道页面上的头像有多重要吗？你可以看看下面这两个案例。在行走的是专业路线，而互联网用户对专业度的认知更多依赖直观的感受。比如，给力的文字描述或者专业感十足的照片。

从图 3-15 可看出，在行的行家的照片是有固定规范的，比如必须是正面半身近照等。为了执行这样的规范，在行专门请摄影师给行家免费拍照。只有参加拍照的行家才能有上推荐位的资格。

内容带动交易

如果销售类产品拼的是商品和价格，那么这个领域里大多数商家都没有核心竞争力，最典型的例子就是海淘。所以，很多海淘类产品都开始做内容运营，希望以此能带动交易，并且与其他竞品差异化。其核心策略是通过内容赋予商品更多的意义，比如传达情怀或讲述感人的故事等，给用户更多消费的理由，不只是比价。在执行过程中，需要分别有人负责内容和交易。交易方向的收益很清晰，就是交易额或利润，但内容运营很难衡量收益。

图 3-15　在行行家头像示例

如果页面UV高，可能是因为商品价格便宜，有吸引力，不一定是内容带动的，甚至用户根本没看内容。如果页面UV低，可能是因为商品没有吸引力，但也有可能是内容做得不够出彩。简单来说，内容对交易到底有多少直接影响是无法衡量的。下面两个案例就存在这样的问题。

案例1 礼物说

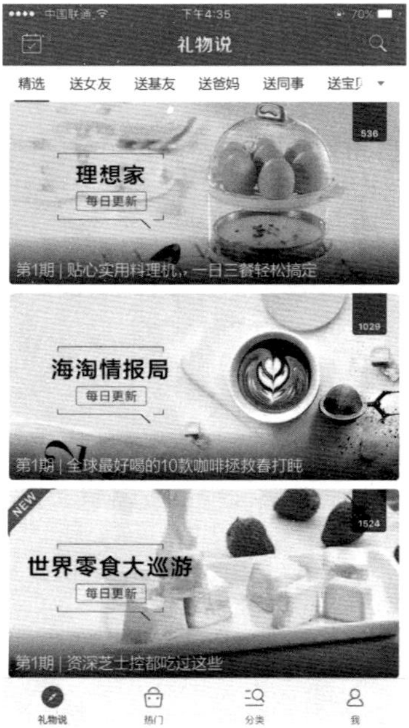

图 3–16　礼物说页面

这类案例很常见，随便打开一个购物类App就能看到（见图3–16）。有价值的内容为用户提供更多购买理由，转化更多交易用户，所以运营人员需要不断推出优质的内容。

案例2 猫眼电影

图 3–17 是某部电影的策划页面的一部分。页面中的“戳这里”是购票入口，属于典型的内容带动交易的案例。

图 3–17 猫眼电影活动页面

内容填充

在某种情况下，需要由运营人工填充或编辑内容，完成产品的内容建设。但是投入的运营人力对产品带来的收益率，是无法量化的。

案例1 猫眼电影

图 3–18　电影类App页面示例

就电影类App来说，电影信息可以通过抓取或合作引入，但要做到专业、规范、有特色就一定要由运营人员予以加工。图3–18是《X战警》在四个电影App中的演员列表，对比视觉效果，可以明显看出第一个更规范、更整齐，整体效果最好。而其他三个，有半身照也有大头照，而且面部在照片中的位置高低不同，这样就显得很乱，影响整体效果。

第一个演员列表来自猫眼电影。为了达到这个效果，猫眼电影持续投入一定数量的人力搜集和处理照片，让每张照片都能满足要求。虽然这一行为不能从数据上衡量效果，但是对用户体验有显而易见的提升，所以还是有价值的。

案例2　网易云音乐

音乐类App也是如此。为了保证曲目归类的合理性，很多音乐App聘请音乐专业的学生给每一条曲目加标签。这样做的好处是推荐给用户的音乐会更精准，这是用户体验的核心环节（见图3–19）。

图3–19　网易云音乐标签

看完以上 12 个案例，相信大家对隐性收益价值的理解会更深，我们可以总结出三点结论。

隐性收益是有价值的

数据不是衡量运营是否有效的唯一标准，而是作为判断标准的工具。所以，绝不能因为数据不能支持效果，就认为某个行为没价值。对数据的依赖要适度，要分场景。单纯围绕数据做决策很容易跑偏，也可能会丧失一些很好的机会。

人类智慧才是社会前进的动力，只看数据而不相信人的主观认知，就会走向另外一个极端。只要我们认为决策合理且有效，就不能死守论证过程。隐性收益也是收益，是有价值的。

决策是关键环节

虽然主观判断是重要且有价值的，但前提是个人有能力做出合理的决策。决策者在做主观判断时，可能没有成功经验佐证，也毫无规律可循，完全依赖决策者的个人素质，也会受其他客观因素的影响。因此，一个优秀的决策者也有可能做出错误的决策。

所以，运营人员在做出决策时，要有试错的心理准备，有承受失败的胸怀，最重要的是有及时调整和止损的能力。

追求更好的效果和体验

为了保证隐性收益的存在，就必须杜绝急功近利或唯KPI的做法，与更多有追求的员工一起工作，保持相对宽松和自由的团队氛围。

与隐性收益相关的工作，一般不属于基础工作，而是为了追求更好的效果和体验。比如启动图，我们完全可以不花费这么多时间去策划，也不会影响用户使用核心功能；再比如电影库，即使不做故事背景、幕后花絮、经典台词、电影原声等功能，也不影响用户查询信息。但是，一旦做了这些工作，就可以把产品体验提升到一个更高的层次。

如果一味追求显性收益，只顾盯着自己的KPI，就可能出现大家各扫门前雪，而不积极探索的情况。这种不思进取的风气对公司来说是非常可怕的。

有所为和有所不为

做内容运营必须要有原则，而不仅仅充当一个内容填充者，才能赋予产品灵魂。因为用户只有感受到产品的灵魂，才有可能认可和记住这个产品。反之，如果内容运营无原则、无节操、无底线，盲目跟风追热点，产品就会变成品牌形象不清晰、没有良好的用户氛围、没有调性的无魂之物，没有任何关注和使用的价值。这也是很多产品看似做了很多运营，但始终没有效果的重要原因。

想要在内容运营中坚守原则，一定要做到所为而有所不为。就像做人一样，选择做哪件事、从什么角度展开、目标群体是谁，这些不同的选择带来的结果是有本质区别的。有所为而有所不为，就是这个选择的过程。

依据什么做出选择，肯定没有明确的执行规范。基本思路是，运营人员要从产品和内容的定位延伸出产品想传递的内容调性和三观。我们举例来说明这一点。

之前在电影圈有一个热点事件：《百鸟朝凤》的制片人方励下跪寻求支持。这件事在当时极具争议，社会上有很多不同的看法。作为运营人员，怎么看待这件事，就决定了采取怎样的角度和运营措施。毕竟在此之前，并没有与此事件对应的方法论教你如何应对，也没有类似的案例去效仿。

我认可这个观点：电影与下跪是无关的两件事，不能因为方励下跪就去看他的电影，反之亦然，二者之间没有逻辑关系。制片方如果希望票房好，就应该做好与电影本身相关的那些事，如制片、发行、营销、售票。如果该做的都做了，但由于一些客观条件的制约，导致排片少、票房差，这就是多种因素导致的。下跪不应该当作提升票房的办法，这是道德绑架。假设我们喊着支持国产文艺片的口号支持方励这个做法，都去看《百鸟朝凤》。那么下次一定还会有其他人来效仿。到时候中国电影就不是拼质量，而是拼膝盖，变成了恶性循环。果不其然，方励下跪几天后，效仿的人就出现了。那么，之前支持方励的朋友，要不要也支持这位效仿者呢？

对这一事件的观点的正确与否不是最重要的，重要的是观点要建立在三观（世界观、人生观、价值观）正确且有独立思考能力的基础上，不要人云亦云。

参照上述原则，针对这一事件的运营策略就是保证及时报道，但绝不支持，从中立的角度引导用户参与讨论。我们列举几个媒体的报道，可以看出各家的态度。

《人民日报》明确表示反对（见图 3–20）：

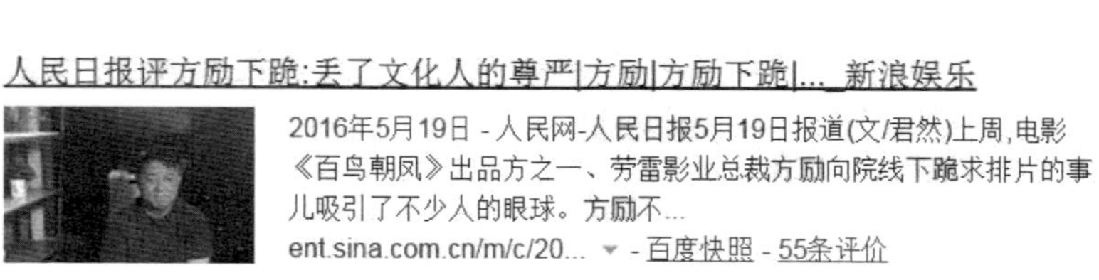
人民日报评方励下跪:丢了文化人的尊严|方励|方励下跪|..._新浪娱乐
2016年5月19日 - 人民网-人民日报5月19日报道(文/君然)上周,电影《百鸟朝凤》出品方之一、劳雷影业总裁方励向院线下跪求排片的事儿吸引了不少人的眼球。方励不...
ent.sina.com.cn/m/c/20... - 百度快照 - 55条评价

图 3–20 《人民日报》对方励下跪的评论

如下是支持的声音（见图 3–21）：

为好电影下跪并非无意义-搜狐

2016年5月16日 - 制片人方励做了一件石破天惊 的事,白发苍苍的他为《百鸟朝凤》向院线经理下跪了,这一跪之后微博里炸了锅,朋友圈里刷了屏,微信群吵成一团。 ...

mt.sohu.com/20160516/n... - 百度快照 - 1418条评价

你可以骄傲,但请别冷笑一个电影人的下跪--百度百家

《百鸟朝凤》出品人方励,昨晚在某直播平台上,呼吁院线经理为电影增加排片。 ...毕竟,这次"下跪"或许见效,但第二次,第三次,不好说。 治标不治本。 想从...

dsmovie.baijia.baidu.c... - 百度快照 - 54条评价

这片和《百鸟朝凤》一样深刻,为好电影下跪不媚俗-搜狐

2016年5月15日 - 《颐和园》、《苹果》等片的制片人方励,为了求院线经理为《百鸟朝凤》增加排片。 直播下跪。 他这一跪,只是为了影院经理能够在这个周末给《百鸟朝凤》排一...

mt.sohu.com/20160515/n... - 百度快照

这片和《百鸟朝凤》一样深刻,为好电影下跪不媚俗

2016年6月9日 - 《颐和园》、《苹果》等片的制片人方励,为了求院线经理为《百鸟朝凤》增加排片 直播下跪。 他这一跪,只是为了影院经理能够在这个周末给《百鸟朝凤》排一场...

b.sanwen.net/a/cmdhb..... - 百度快照 - 116条评价

图 3–21 支持方励的评论示例

如下是理智或中立的观点（见图 3–22）：

专访李玉:理解方励下跪但不鼓励 支持艺术院线_凤凰娱乐

2016年5月19日 - 5月12日晚,制片人方励在直播中下跪, 李玉 凤凰娱乐讯(采写/刘晴) "他这一跪,我真的吓到了",对于合作了十多年的老搭档方励制片的"惊天...

ent.ifeng.com/a/201605... - 百度快照

图 3–22 对方励下跪持中立态度的评论示例

虽然这个案例属于媒体领域，但也适用于互联网的内容运营领域。这个例子说明，运营人员对于这件事的态度不同，做出的运营策略就不同。希望运营从业者都能关注精神层面的追求，不要只盯着KPI去做一些短视且低级的运营行为。这跟做人的道理是一样的，即使这次带来了好的效果，长期来看依然是有害的。

小黑板

1. 内容运营是指通过生产和重组内容的方式满足用户的内容消费需求，提升产品的活跃度，以及用户对品牌的认知度。

2. 内容运营的作用是满足用户的内容消费需求，以及传递产品的定位和调性。

3. 从模式上来说，内容运营可以分为官方产出的传统模式、与产品结合更紧密的创新模式。

4. 不是所有的运营措施都可以量化收益，隐性收益也是有价值的。这样的现象在内容运营过程中会经常出现。

第四章

活动运营

互联网产品和咖啡厅在本质上一样，都是产品。无论功能或体验多好，都有可能无人问津，没有用户就无法形成口碑，雪球就滚不起来。

想要解决这个问题，首先要给用户一个关注该产品的理由。因此，运营人员要发挥“活动”这只手的作用，不断有策略地引导用户访问、参与或购买。然后，再凭借优质的产品品质，不断强化用户对产品的认知，促成用户留存和口碑传播。

活动运营的价值可以总结为以下三点：

- 吸引用户关注。
- 拉动用户参与。
- 强化用户认知。

虽然每个活动的目标和收益不同，但基本上可以分为这三点。可以看出，从关注到贡献再到认知，这是用户对产品由浅入深的接受过程。

活动策划的10个步骤

在分析如何策划活动之前，我们先简单了解一下活动的类型和目的。

以下所归纳的线上活动的四种类型、四个目的和三类需求，基本覆盖了现有的大多数情况，可借此了解活动运营的概况。

活动类型：

• 补贴活动，如滴滴出行和美团外卖发出的红包。

• 话题活动，如Keep的“我要上头条”、微博的“带着微博去旅行”等话题活动。

• 有奖活动，如《功夫熊猫3》的影评活动、百度贴吧的抽奖活动。

• 游戏活动，如支付宝“集福送现金”活动、百度地图的“樱花甜筒跑酷”活动。

活动目的：

• 拉新，如吸引新用户、激活并启动新增用户。

• 促活跃，如提高访问数、增加UGC的发布次数。

• 促销，如提升某款或某类商品的订单数。

• 品牌维护，如提高品牌知名度和品牌辨识度。

切入需求也可以加以区分：

• 用户需求的场景，如滴滴出行的春节拼车。

• 用户关注的热点，如微博的“帮汪峰上头条”。

• 用户逐利的心理，如电商网站的“满减”活动。

了解完活动的概况，下面讲述策划一个活动的完整过程，共分为10步。

第一步，确定活动的目的

首先要明确活动的目的，再据此思考活动后续事宜。最理想的状况是把目的转化成一项指标，比如希望提升App用户规模，这是目的，将其转化为数据就是提升DAU，所以提升DAU就是活动的直接目的。

明确活动目的是策划活动的起点，是思考的源头。先想清楚这一点，并在活动策划期间一以贯之，这样才能保证在后续的步骤中不偏离初衷。

第二步，确定活动目标和时间

目的是一项指标，而目标是把这项指标量化。活动目的是提升DAU，那么目标就可以是把DAU提升50%或提升到10万。在这一步就要确定预期目标，即使难以确定具体的数字，也要确立一个大概范围。因为预期的量级关系到下一步策划活动的形式。如果预期是把DAU从5万提升到6万，适用的活动形式有很多，难度相对不大；但如果预期是从5万提升至10万，那就要绞尽脑汁设计活动，很多活动形式不能用，因为可能达不到预期。

另外，活动的起止时间也要确定。如果急于看到活动效果，活动就必须尽快上线；如果不是，那就存在选择的余地。比如，如果活动可以借势热点或时节，效果就会事半功倍。春节、情人节、“双十一”，这是时节；科比退役、奥运拿牌，这是热点。

第三步，策划活动形式

确定了目标和时间就像给活动限定了一个框，第三步就是在这个框内策划活动形式，即做什么样的活动。这一步是活动策划的核心步骤。

策划活动的本质是找到活动目标、用户需求和产品形态的最佳结合点。我们以射箭为比喻。

- 不管用什么姿势射箭，目标都是靶心。同理，无论活动形式是什么，都是为了达到预设的目标。
- 学会掌握和利用风向，才能射得有力和准确。对于活动而言，用户需求就像风向，顺应需求就会事半功倍。
- 无论射箭技术如何，都离不开弓箭。对于活动而言，形式和创意都要落在产品上。

具体来说活动形式的选择有几个要注意的关键点。

轻松有趣

活动就是让用户“玩儿”的，在玩儿的过程中达成运营的目标。所以，虽然运营对象不一定是游戏，也可以让活动游戏化，这样更吸引人。以一个猫眼电影的活动为例，如图 4–1 所示。

图 4–1　猫眼电影的活动页面（部分）

我只截取了有关这个活动的规则的部分页面。规则是根据提示猜影片名，并撰写这部电影的影评，最后根据猜对电影的数量评奖。这个规则符合“轻松有趣”的要求。

操作便捷

从用户收到活动通知到参与活动的操作环节结束，每一步都存在用户跳出页面的可能。所以，设计活动时要尽量减少操作步骤，也不要让用户在非活动流程的页面之间不停跳转，用户会迷路的。

规则易懂

策划活动时，规则要设置得尽量简单。用户无须思考，一眼就能看懂“去做什么，能得到什么”。

另外，规则表述的方式也要简洁。完整的活动规则需要用很多文字去描述，包括时间、操作方法、评奖办法、奖品列表、附加条件、注意事项等，这些对用户来说都是阅读成本。但其中绝大部分内容并不是必须阅读的，所以，应该确保用户只需了解关键环节，就可以无障碍地操作。

所以，活动的核心规则要放在页面上方的显著位置；详细规则和免责信息放在页面底部，用户不看也不影响参与活动。当然这并不意味着后者可以省略。

此处举一个 Uber（优步）的案例，如图 4–2 所示。

图 4–2 Uber 活动页面

这一段由不同字体组成且很拗口的文案简直就是一道智商测试题，好像不是为了让用户看懂，而是为了难倒用户。

为了解决易读性差的问题，在不改变原意的情况下，我们可以将规则描述改为："本周六日使用Uber累计 3 次，即可在下周免费使用 6 次；累计 5 次或更多，可获得 10 次免费使用的机会！"

对比上图的文案，我认为后一种描述更易懂。在上图的描述中，很多文字没有实际意义，反而增加了阅读成本，比如第一句和最后一句。因为这段话已经很长了，而且大标题已经表达得很清晰，所以不宜再花费笔墨烘托气氛了。

此外，因为有"查看详情"的入口，这里就不用逐一列出规则的细节，比如最高减免 15 元、到账日期、活动截止时间等，感兴趣的用户会点击查看详细规则的。

凸显用户收益

用户参加活动会获得相应的物质或精神收益。因此，活动页面要凸显用户的收益，将其放在明显的位置，优先级最高。这符合人的利己心理。

所以很多活动页面把奖品放到头图里，比如物质收益有iPhone、红包、礼盒等，精神收益有特权、等级、头衔等，然后才列出活动规则和操作区。这种案例非常多，这里就不细说了。

可视化的进度标识

用户参与活动一般都需要连续多步操作，所以应该在每一步操作之后都设计一个反馈，比如数字随之递增或进度条前进一步。告知用户操作成功且已被记录，也算一种精神激励。

活动页面也需要打造人气爆棚的氛围，可以满足中国人喜欢热闹的心理，所以很多活动页面都会设置“已有12 345人参与”等提示字样，并且数字会不断刷新。

美团网当年上线第一个商品时，页面会显示有效时间的倒计时，以及已有多少人购买。虽然从现在来看美团不是一个活动类平台，但建立之初还是有活动属性的，所以这个案例也可以借鉴。

以上5点是运营人员策划活动时需要注意的问题。在完成这一步之后，活动的形式、规则和背后的逻辑都确定了。

第四步，跟进设计、开发和上线

活动是由运营人员全权负责的项目，运营人员要跟进活动的每一个环节，不仅包括产品需求、UI设计、RD开发上线，还有资源申请、对外合作、用户反馈等方面。运营人员需要规划每一个环节的时间点和预期效果，并逐一推进落地。

第五步，推广资源就绪

活动效果好不好，与推广渠道有直接关系。因此，运营人员需要在活动上线前就准备好推广渠道，包括上线排期、物料设计和数据监控。

推广资源分为站内渠道和站外渠道。站内渠道主要是资源位、推送、系统通知等已有渠道，或者精准用户群的定向推送；站外渠道一般需要资源互换或付费购买，比如与用户群重合度高的产品合作。

另外，应用市场和App store（苹果应用程序商店）也属于站外渠道，前者可以申请首发、有奖活动、专题等合作方式，也可以付费购买推荐位；后者主要是ASO（应用市场的搜索优化）这一方式。

第六步，做好风险控制和备选方案

列出活动有可能出现的风险，根据每个风险做出对应的备选方案，保证活动即便遇到意外情况也能顺利进行。这就是做好风险控制的意义。

风险大概分为如下几类：

- 技术方面，上线时间推迟或上线后出现bug。
- 推广方面，资源未按时到位，或与预期不符。
- 用户方面，活动主打卖点未引起用户兴趣。
- 外部环境，其他突发热点分散了用户关注度。
- 法律方面，有违法行为，如含色情内容、侵权。
- 作弊漏洞，用户找到规则漏洞，活动被刷单、灌水等。

第七步，上线前活动预热

线上活动的爆发时间很短，一般为一两天。但为了这短暂的爆发，要有前期的预热和后期的收尾，一前一后服务好活动的波峰。所以，运营人员要关注活动的整个阶段，要把控活动的节奏。

其中，活动预热最重要，这关系到能否迎来爆点，以及爆点到底有多高。预热最基本的方式就是将活动信息告知用户，比如什么时间上线什么活动。如果希望效果更好，可以包装活动的卖点或悬念，制造噱头，吸引用户感兴趣并持续关注。

最典型的预热案例是滴滴出行的品牌升级活动，我们在此具体分析一下。

- 发布带有“滴滴打车再见”字样的传播图片（见图4–3），引起用户的猜测。在普通民众看来，通过软件约车这一行为本来就有政策监管的风险，所以这个图片很容易得到关注。

图 4–3 “滴滴打车再见”传播图片

• 宣称将有大事发生，引来用户纷纷猜测。各种有趣的“滴滴 × ×”图片在微信朋友圈传播，比如滴滴打人图片。很多网友也参与进来，衍生出滴滴打人、滴滴扶人等调侃图片（见图 4–4）。

图 4–4 “滴滴 XX”相关图片

• 在临近揭晓日时开始倒计时（见图 4–5）。

图 4–5　滴滴打车品牌升级倒计时

• 把这个信息植入滴滴红包（见图 4–6）。

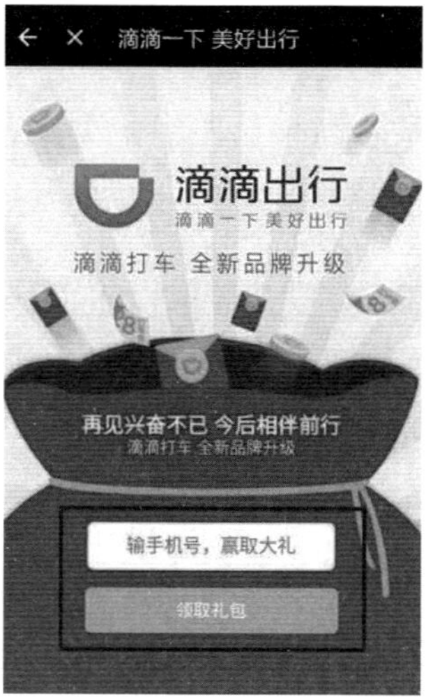

图 4–6　滴滴红包

• 正式更名，放出官方通告（见图 4–7）。

图 4–7　滴滴打车升级活动页面

• 在微博等平台，上线“拼D大赛”，巩固用户对新品牌的认知，属于上线后的传播（见图 4–8）。

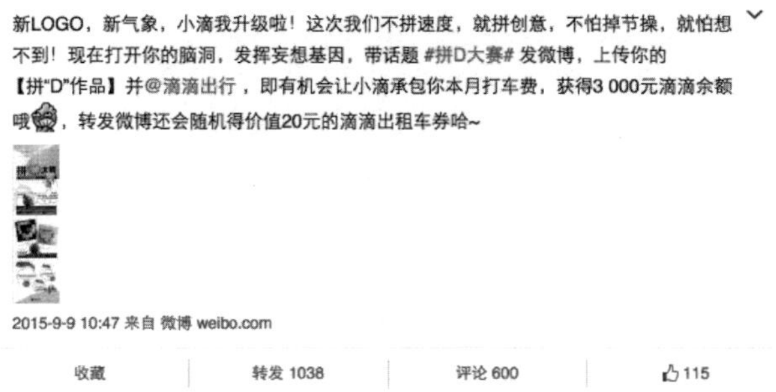

图 4–8　“拼 D 大赛”活动微博

第八步，上线后时刻关注活动进展

活动上线后，运营人员的主要职责转变为监控效果，关注活动的数据走势和用户反馈是否符合预期。

数据走势分为实时的和单位时间的（一般以天为单位）两种。运营人员要对数据波动情况有预期，明确正常的上下浮动范围，一旦超出波动范围，需要追查具体原因。原因有可能与上文说的风险类型有关，但需要具体项目具体分析。

就用户反馈而言，运营人员需要紧密关注会出现用户反馈的所有平台，比如用户群、百度贴吧、微博、微信朋友圈等。活动策划的好不好，用户说了算。对于用户的正面反馈，要想办法继续延续，甚至强化；对于负面反馈，就要从收益角度评估，是否需要或来得及调整修复。

在关注活动进展时，运营人员还需要搜集有价值的信息，为活动总结和二次传播做准备。比如：

- 可优化的活动流程或体验。
- 记录数据的波峰和波谷。
- 搜集用户的反馈和讨论。
- 活动中出现的有传播潜力的素材。

第九步，公布活动结果

这一步最容易被忽略，因为官方和用户的角色在这一步反转。在之前的活动步骤中，官方想尽办法吸引用户参加活动，在这一步则变成用户更主动地关注结果，而官方受益的阶段已经结束。

所以，活动运营一定不要虎头蛇尾。因为这时用户正在瞪大眼睛关注着我们，让他们满意或失望，就取决于这一步。这就好比买房市场，在看房签合同前销售人员都是笑脸相迎。而等到交房时，购房者已经付款，会希望对方有持续的、更好的服务。

公布活动结果需要注意如下问题。

将结果告知活动的全部受众用户

如果活动上线时是面对全量用户开展的，那公布结果时也要传递给全量用户；如果当初只展现给部分用户，那公布结果时也同样只传递给这部分用户就行。总之，公布活动结果时的受众用户要和活动上线时的受众用户一致。

因为一部分没参与活动的用户可能持观望态度，所以这部分观望用户也属于活动的受众用户。如果观望用户对活动满意，下次就有可能转化为活动参与用户。

给用户提供反馈渠道

在活动结果页面提供一个用户申诉和询问的渠道，以开放的态度面对后续可能产生的问题。这就像电商的售后服务一样，即便出现极端的情况，运营人员也不能回避，因为这本身就是运营人员的职责。

尽量做到完全透明和公正

公布结果时，列出每一位获奖用户的ID（身份标识，即账号）、成绩和奖项。如果条件允许，甚至可以列出所有参与用户的成绩。运营人员应严格按照活动规则执行和公布结果，不要有任何隐瞒，也避免使用用户可能会误解的措辞，因为这关系着官方的信用问题。

第十步，活动总结

活动总结首先是写给自己的，是对这段时间工作的回顾。其次，活动总结的意义是总结活动本身，好的地方以后继续发扬，不好的地方以后避免，这都是宝贵的经验；最后，活动总结也是为了汇报给上级和分享给同事，上级以最终结果来评判运营的工作，同事需要了解其他方向的进展。

活动总结需要包含的元素如下。

• 背景。

因为总结要让所有相关人员都能看懂，包括不了解项目情况的同事，所以，运营人员需要完整地写清楚活动背景，不能默认别人了解所有信息。

例如，作业帮是K12（基础教育）领域学习软件，可拍照搜题，也可向学霸提问。目前遇到的问题是，由于回答成本高，高中数学类的问题解决率相对较低，希望通过活动提高这类问题的解决率。

• 目标。

明确告知活动目标，即在什么时间范围内将数据提升多少。

例如，目前高中数学问题的1小时解决率是90%，初中数学是98%。期望通过活动将高中数学问题的1小时解决率提升至95%，与初中数学相近。活动时间是1月1—7日。

• 效果。

这里说的是最终效果，指最核心的数据，以及是否达到预期。过程数据和分析过程可省略。

例如，活动结束后，高中数学问题解决率提升至95%，达到活动预期。

• 分析。

列出具体措施和数据，分析活动的每一步进展，得出结论。例如，为了提升高中数学问题的1小时解决率，策略是引入更多答题老师，以及将已有激励杠杆向高中数学倾斜。

• 具体措施略。

• 经验教训。

总结活动的优缺点，分别列出。

例如，活动优点是引入老师的方法优质且有效；缺点是对如何应对低质量回答的准备不足。

• 后续计划。

分析活动带来的收获，以及在后续工作中如何运用。

例如，下一步将梳理完整的引入老师的流程，并通过产品落地。

以上 6 点就是一个活动总结需要具备的内容模块合并后的完整案例。

活动总结

背景：

通过数据可以看出，高中数学类的问题解决率相对较低，希望通过活动提高这类问题的解决率。

目标：

目前，高中数学问题的 1 小时解决率是 90%，初中数学是 98%。期望通过活动将高中数学问题的 1 小时解决率提升至 95%，与初中数学相近。活动时间是 1 月 1—7 日。

效果：

活动结束后，高中数学问题解决率提升至 95%，达到活动预期。

分析：

为了提升高中数学的 1 小时解决率，策略是引入更多答题老师，以及将已有激励杠杆向高中数学倾斜。

经验教训：

1. 本次活动达到效果的经验是引入老师的方法优质且有效。

2. 本次活动对如何应对低质量回答的准备不足。

后续计划：

下一步将梳理完整的引入老师的流程，并通过产品落地。

9 个活动策划案例分析

上文讲的是活动运营的整体思路，接下来引用实际案例来分析。为了便于理解，每个案例都会从类型、目的、切入需求这三个要点来分析。

案例 1　支付宝“集福送现金”活动

图 4–9　支付宝“集福送现金”活动页面

支付宝借春节之势推出“集福送现金”活动。红红火火的福和两亿多的现金都特别符合过年的氛围。再加上一点游戏元素，这个活动对用户来说不仅有利可图，还挺有趣的。支付宝利用这个活动，让用户把自己的社交关系导入，为后续社交化做准备。

案例 2 美团外卖红包补贴活动

将补贴以红包形式放送，是滴滴首创的，用户认知度很高，传播性也很强。之后的很多O2O产品也都用这种形式来发补贴，外卖类产品就是其中之一。美团外卖这一活动的目的是，利用用户逐利的心理提升自己的市场占有率，培养用户叫外卖的习惯。

其实，红包只是补贴的形式之一，理应还有其他的方式。可惜大家只是在延续这个玩法，没有继续创新。

图 4–10 美团外卖红包补贴活动页面

案例3 百度地图的“樱花甜筒跑酷”活动

图 4-11 百度地图“樱花甜筒跑酷”活动页面

图 4-12 百度地图“樱花甜筒跑酷”活动流程

这个活动很有意思：打开百度地图查看最近的麦当劳在哪里，按照百度地图提供的路线在规定的时间内跑步到达，就可以免费领取一个樱花甜筒。活动说明如图 4-12 所示。

虽然甜筒不贵，但活动有趣，参与门槛低，足够吸引大量用户参与。这个活动的价值在于培养用户使用百度地图找目的地的习惯。另外，活动也为麦当劳带来了品牌曝光，连接了线下商户资源，是O2O 商业模式的一次成功探索。

案例 4 same的“你发自拍我来画”活动

图 4-13 “你发自拍我来画”活动页面

same是一个互动平台，用户可以嫁接文字、图片、音乐、电影等内容模块，并进行轻量级的互动。在现有产品框架的基础上，用户可以创造出很多玩法，这个“你发自拍我来画”活动就是其中之一。

用户只需把自己的照片发上来，就会有人画出来。因为活动有趣、有创意，吸引了很多用户参与，所以带动了互动量和DAU的提升。

案例5 锤子手机的“软文大赛”活动

锤子在微博上发起了“软文大赛”，让用户为锤子写故事，借此传播品牌（见图4–14）。这个活动看起来没什么意思，用户参与的门槛也很高，但是与“锤粉”的调性很匹配，而且不需要追求海量的参与量，只要有几篇优质的内容产出，就可以达到很好的传播效果。

当然，这个活动覆盖的人群并不大，基本上是“锤粉”的核心群体，或者小规模的外延用户。这应该和活动策划时的目标受众是一致的。

图4–14 锤子手机活动相关微博

案例6　微博的“帮汪峰上头条”活动

这一活动的背景是汪峰在微博音乐首发新歌。运营人员为了宣传这一件事，集合了前几次汪峰上头条失败的热点内容，策划了长微博，发布之后让其自发传播。第二天，该话题就成为微博热门话题的第一名，带来了过亿的话题量，这完全是自然排序的结果，没有人工干预。

更重要的是，这个活动的策划和执行仅由一个人完成，是典型的“四两拨千斤”的案例。

案例7　Keep的社区话题

Keep是一个健身类工具型产品，想要增加用户黏性，让优质内容和用户浮现，首要工作就是把社区做起来。这不仅可以满足小白用户阅读内容和仰视“大神”的需求，也可以激励“大神”持续产出优质内容。

运营人员采用的具体办法是，通过发起健身用户感兴趣的话题，吸引用户参与，然后转至社区。比如“我要上精选”、“说说Keep给你带来的改变”等话题（见图4–15）。这是工具型App做社区的最常见套路，也是比较有效的方式之一。

图 4-15 Keep 社区话题页面

案例 8 微博“带着微博去旅行”活动

我们在运营的过程中，总会遇到无法改变的客观情况，比如每个行业都会有淡季。这时，产品数据一般都呈下跌趋势。但是，如果运营人员有办法稳住下降趋势，甚至可以不降反升，这才是运营价值的体现。

对于微博来说，国庆节长假就属于淡季，因为大部分人会选择外出，不会像平时一样在办公室或宅在家看微博了。面对这个客观情况，微博做了一个“带着微博去旅行”的活动，为用户打造了一个使用微博的场景，引导旅途中的用户在微博发布内容。这样就能拉回一部分原本不会登录的用户，有很好的拉动效果。

图 4–16 微博“带着微博去旅行”活动页面

案例 9 陌陌“红包争霸战”活动

陌陌在春节期间借了红包的大势。只要在自己的陌生人列表里看到有红包图标的用户，去搭讪就可以获得红包。其实活动的本质还是陌生人交友，和产品的定位是一致的，只是借用了红包的噱头，激励了更多用户参与陌生人交友这一行为，提升了产品的活跃度。

图 4-17　陌陌“红包争霸战”活动页面

小黑板

1. 活动运营就像一只手，不断通过各种策略拉动用户访问、参与或购买。然后，优质的产品品质不断加深用户对产品的认知，促成用户留存和口碑传播。

2. 活动运营的价值包括吸引用户关注、拉动用户贡献内容和强化用户认知。

第五章

社区运营

互联网社区就像一座城市

一个成熟的互联网社区就像一座城市，通过制度管理成员，通过供需组建市场，通过平台传承文化，而且有稳定的自我运转机制。社区的运营者就像城市的管理者，最核心的职责是建立规则，并不断优化。很多互联网从业者都希望能建立这样的成熟社区。因为这意味着拥有稳定且海量的用户群体，具备自我运转机制，能够通过用户互动和交易实现社区的价值。最吸引人的是，创建者可以从中获得巨大的成就感。

这是更抽象的社区概念，是理想状态下的社区，它的实现难度很大。豆瓣创始人阿北一直想将豆瓣打造成这样的社区，或者说认为它具备成为此类社区的条件，但在做过很多尝试后，仍然没找到合适的方式将其打造成一个理想社区。

抛开这个抽象的概念，我们平时提到的社区是从狭义上说的内容型UGC平台，类似于知乎和天涯。但业内对于社区并没有统一的定义，主要遵循惯例。

我认为，互联网社区是指把有共同属性的用户聚集起来，并提供互动服务的线上平台。其中共同属性、互动和线上平台，是社区的三个基本要素。

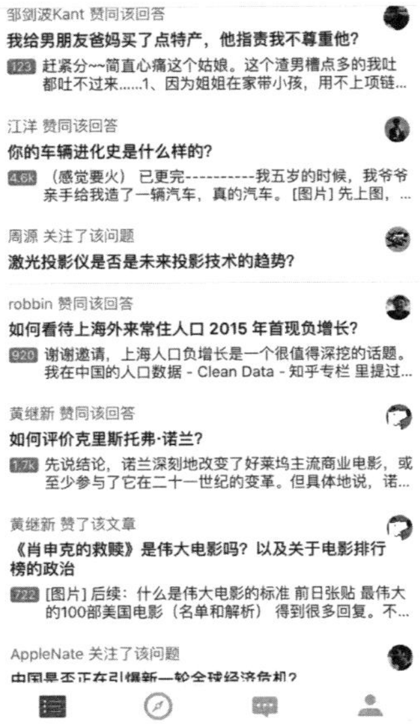

a 知乎社区

b 陌陌

c 虾米

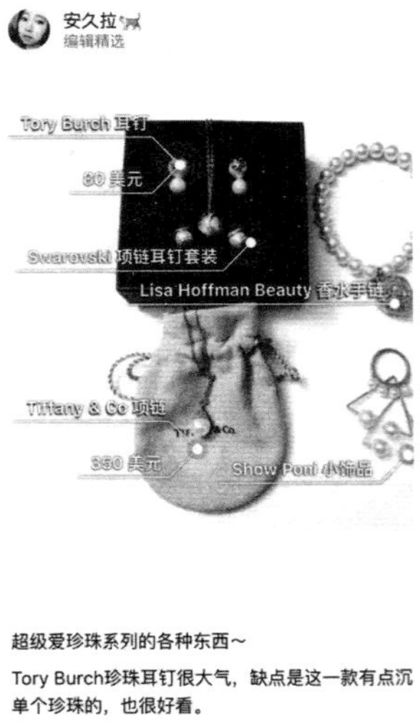

d 小红书

图 5-1 几种不同的社区产品形态

需要说明的是，社区和社交平台的概念容易混淆，很多人不清楚两者的界定标准。我认为社区以内容为主体，而社交则以人为主体。我们可以用一个简单的方法分辨：看产品的内容是靠什么联系起来的。如果是以内容维系，就是社区，如知乎、百度贴吧、same；如果以用户维系，就是社交，如Facebook（脸谱网）、陌陌、QQ空间。

因为互联网产品形态很多，部分产品通过这种方法也很难界定。比如，微博以用户维系内容，但媒体属性很强，所以说微博是社区也是合理的。再比如，朋友圈以熟人维系内容，但内容本身已经越来越重要，所以微信同时具备社区和社交的元素。还有一类情况，社区只是产品中的一个模块，比如下厨房、虾米；或者社区作为一个互动元素融入产品整体，比如小红书、猫眼电影。

其实，强行把几个不同的产品归类并定义，在实战中是没意义的。产品选择何种具体展现形式，不是为了迎合概念，而是看什么形式可以更好地满足用户需求，这才是正确的分析思路。

决定社区成败的三个要素

定位

对于产品或品牌来说，有一个正确的定位，就成功了一半；如果定位有问题，再怎么运营也无济于事。同理，对于社区来说，定位也是最重要的，实际操作时需要考虑以下三个问题。

市场是否够大

这一点简单来说就是，社区定位在哪个领域，是否有足够量级的用户人群和需求。社区的产品形态决定了只有形成规模效应，才可能成功。如果市场规模足够大，意味着只要你能分得其中10%的份额，社区人群的基数就足够大，也就具备了建立的条件。

如果定位在细分且小量级的领域，首先，没有足够的人群基数，不足以让社区运转；其次，市场小意味着商业价值可能也不大。如果没有商业价值，这个项目就是不完整的，也无法持续。

所谓的“小而美”是很难生存的，大多只是团队招聘和公关时的噱头。比如，知乎初期的用户人群集中在互联网领域，大多具备较高的专业水平，再加上并未开放注册，所以那时的知乎是一个标准的“小而美”产品。但之后发生了一个关键性转折——用户群体从互联网扩展到其他领域，且占比不小，增速不慢。假设没能做到这点，知乎只停留在互联网领域，它不可能有现在这么大的用户规模和社会价值。

再看豆瓣，有评论说它的内容水准发生了变化，其实这是用户规模扩张的必然结果。之前的小众文艺范儿是以用户人数少为前提的。当海量用户涌入后，这样的社区文化必然受到冲击。但如果豆瓣不促进用户增长，对公司的估值和商业化都会有很大影响。

所以说，尽管豆瓣前期定位的文艺路线让人羡慕，但市场规模和受众人群较小则影响了产品的发展，只能将定位向外延突破。这就是定位时选择小规模市场给后续发展带来的难题。

目标人群是否善于UGC

豆瓣之所以拥有目前的影响力，一个重要原因是书影音爱好者这一群体。他们更善于用文字表达细腻的情感，有着很强的优质内容生产能力，也有很高的活跃度。豆瓣最初的内容和社区文化，就是由这样的人群创建的，也为后续优质内容和用户的扩充奠定了基础。

除了书影音爱好者，互联网从业者也是UGC能力很强的人群。他们的特点是在线时间长、活跃度高、可以熟练地使用互联网产品、有文字功底。简单来说就是会玩儿，而且能玩儿出各种花样。

他们的缺点是忠诚度低。因为他们使用产品的初衷不是为了满足需求，而是为了体验产品。他们追求新鲜感，扑向一个个还未启动推广的产品，体验一下就离开了，再扑向下一个目标，这就是我们常说的“互联网产品观光团”。

如果这部分人并非产品的目标人群，那么，“观光团”可能并不受欢迎，因为他们的活跃会影响社区氛围和调性，对产品数据的干扰会导致运营人员无法进行正常分析和决策。更重要的是，“观光团”在试用产品后还会公开发布自己的观点和解读。这可能会让产品在积累阶段得到与预期不符的口碑，影响产品品牌的建立与发展。

下面我们再以开心网为例具体分析。

开心网风靡一时，重要原因是用户定位为一线城市的白领。开心网针对白领在工作之余轻松一下的心理需求，设计了娱乐性强、参与门槛低的游戏、投票和转贴等模块，只要点击鼠标就可以参与并分享给好友，好友再关注、参与、扩散，如此循环反复，形成内容产出与消费的闭环。

这个模式通过巧妙的人群定位和低门槛的互动形式，成功地解决了国内用户UGC能力差的难题，很有借鉴价值。

总之，做社区，要选择内容贡献度和活跃度较高的目标人群；或者挖掘定位人群的需求，通过产品来满足。豆瓣通过人群定位解决了UGC难题，开心网则通过产品实现了曲线救国。

用户需求是否真实存在

时下最受瞩目的两个公司是新美大和滴滴出行，它们解决的是与老百姓生活切实相关的吃和行的问题，是刚性需求。虽然两个公司的成功还有很多其他因素，但从定位的角度来说，它们涉及的用户需求是切实存在的，这就为成功奠定了基础。

对于一个社区来说，如果只是针对某个话题进行交流，那么这个需求可能难以持久，社区只靠这点很难获得好的发展。之所以存在诸如运动、游戏、购物等社区，不是因为这个话题是刚需，而是因为满足了其他的刚性需求，比如买便宜货、查游戏攻略等。

但也有个别细分领域，社区只依赖沟通交流的需求，就能发展得很好，比如育儿社区。原因有两点，首先，绝大多数的年轻妈妈都是第一次生宝宝，有很多不安和兴奋的情绪需要排解，有很多问题需要交流请教；其次，宝宝出生会带来家庭结构和重心的变化，会触发家庭矛盾，妈妈们需要倾诉。所以，这就是一个刚性需求。

社区调性

用户使用社区的原因是有需求，爱上社区的原因是有调性。一个具备独特品牌和调性的社区，会给用户一个爱上自己的理由，也可能获得更多产品美誉度和品牌渗透力。一个没有调性的社区，就像一个只有血肉没有灵魂的人，是不完整的。

社区调性主要通过内容的定位和切入的视角实现，对应的人群也会非常细分和精准。举几个例子来看。

图 5–2 豆瓣东西

豆瓣东西是豆瓣的子产品，与豆瓣用户人群的重合度很高，所以社区调性和豆瓣是一致的。我们从图 5–2 中就可以直观地感受到这一点。

same推荐的话题风格（见图 5–3）透着一股简单、随意的感觉，符合时下“90 后”人群对轻松无拘束氛围的热衷，也与其简洁的产品风格相符，让人印象深刻。

图 5–3　same

打开哔哩哔哩，就能感觉到迎面扑来的日系风（见图 5–4）。这个现象告诉我们，视频网站并非只凭资源取胜。

图 5–4　哔哩哔哩

用户激励体系

社区是依赖UGC的产品形态，所以贡献优质内容的用户是社区的核心要素，社区运营的工作也是围绕这一人群展开的。

用户为什么要贡献内容、能获得什么收益、如何让用户持续地贡献内容，这就是一个用户激励体系的闭环。简单来说，用户愿意贡献内容，肯定是因为产品满足了他们的某些需求，无论是精神上的还是物质上的。所以，用户激励体系的最根本出发点是用户需求。

有人说，用户激励就是积分、等级、勋章、签到，这个思路是不对的。这些只是用户激励的具体方法，而不是原因。如果认为这些方法能解决用户激励的问题，这是不严谨的，因为它把具体表象当作了内在原因。正确的分析思路应该是从内在原因出发，然后得出具体方法，不能倒置。

一些从业者缺乏独立思考，或是分析问题的逻辑思维能力，认为激励体系就是积分、等级、勋章，提升用户留存度就靠签到，活动就是发红包。这是一种懒惰的运营思路，因为无论积分签到，还是发红包，都只是实现最终目标的途径，不是源头。

社区运营三步走

社区就像集市，存在一个慢慢聚集人气的过程，不会一下子热闹起来。所以，在从无到有、从小到大的过程中，社区运营的节奏感是非常重要的。

一般来说，社区运营的节奏是，先小范围探索模式和建设氛围，再复制模式并提升用户规模。但这只是初期的节奏，社区发展到中后期，就要结合实际情况来确定运营规划，很难总结出共性。比如，有的社区是在具备一定规模后才启动商业化，比如豆瓣、知乎；有的社区在发展之初就具备了商业化元素，比如美丽说、蘑菇街。所以这里说的社区运营节奏只适用于初期。

具体来说，社区运营三步走的节奏如图 5-5 所示。

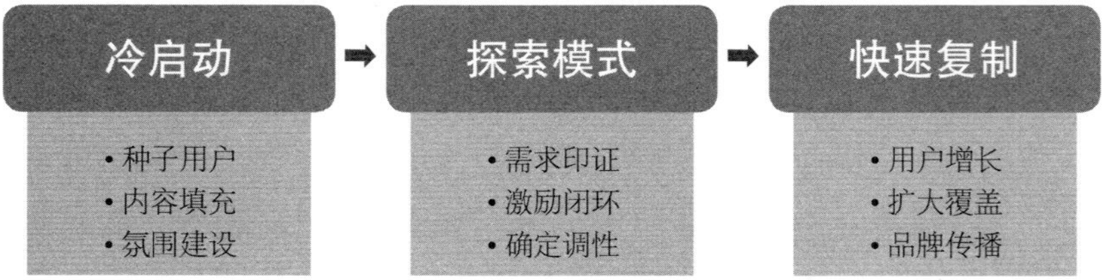

图 5-5　社区运营三步走

其中每一步都可以延伸出一个完整的话题，受篇幅所限，我们只能对其进行简单介绍。其中冷启动和种子用户的运营，在之后会专门讲述。

第一步，冷启动

种子用户

根据产品定位，确定核心用户人群的定义，再通过运营手段引入用户。这一步是为了保证产品上线后就有用户活跃其中，贡献内容、互动交流和提交反馈。

内容填充

社区的定位和调性是通过其展现的内容体现的。所以在产品上线初期，可以由运营人员提供优质内容（包括预埋回复），构建社区的框架，确保社区内容符合预定。

这个环节用户也可以参与，但在产品刚上线时，用户对产品的理解不透彻，发布的内容很可能不符合社区定位，所以最好由运营人员完成或予以审核完善。运营人员策划的内容质量更可靠，更符合定位，可以当作示范，起到标杆的作用。

氛围建设

社区氛围包括社区活跃度和社区文化，是用户留存的重要原因，所以在社区建立初期就要重视，我们可以允许用户规模不大，但不允许社区氛围不符合产品定位或不佳。

所以，要严格控制种子用户的质量和初期发布的内容，关注互动量，同时把控冲突和友善的合理平衡点，做到既吸引用户分享讨论，又让用户觉得温暖和有归属感。

第二步，探索模式

需求印证

上线前，产品的前景未卜，只停留在推测阶段，谁也不确定用户是否喜欢。所以，在产品上线后我们急需去印证之前的推测是否正确，用户是否的确有这方面的需求，用户对产品的认可度如何。

只要用户认可核心功能，其他的辅助模块和细节体验都可以进行后续优化。如果用户对核心功能并不关注，那就要认真考虑是否需要转型或重新制定运营策略吸引用户。

具体的需求印证的方法有很多，比如看数据、做调研、监控用户的操作使用等，核心是印证实际运转是否符合预期。

激励闭环

在需求得到印证之后，要利用种子用户尽快跑通用户激励的闭环，为后续大量用户涌入做准备。简单地说，就是弄清楚用户为什么要贡献内容、能获得什么、为什么持续贡献等问题。

确定调性

产品上线前，社区调性只是预设，是方案中的一句描述，最多也就是用几个案例来具体说明。而产品上线后就要落实之前的方案，但更重要的是根据用户的反应不断调整，逐渐缩小预设与用户实际反应之间的差距。

第三步，快速复制

用户增长

通过前两步，产品完成了冷启动，印证了产品模式，也建立了激励机制，接下来就要考虑如何增加用户和扩大规模了。这就像水库已经修建好，该开闸放水了。

这个阶段需要用各种方法提升用户量，比如渠道、活动和品牌引爆。但最重要的是把握好运营节奏，逐步扩大用户增量，而不是毫无保留地频繁采取大动作。社区像人一样，不能奢望婴儿吃几顿饭就长大成人，而是慢慢成长。对于社区来说，这点尤其重要。

如果用户增速过快，社区氛围就可能被分散；增速过慢，用户又会觉得太冷清，最初的激情会慢慢消退。这两种情况都会造成用户流失，对社区发展的影响很大。

扩大覆盖

“用户增长”涉及的是社区的用户规模，“扩大覆盖”涉及的则是社区横向覆盖的领域。

有些社区会涉及多个领域或分类，比如豆瓣有书影音，知乎从互联网到全分类，微博从互联网和媒体到全分类，美团从美食到多品类服务，这些都是从单个或少数分类扩大覆盖多个领域的案例。

这一步并非在每个产品发展中都会出现，而是和最初的产品定位相关。如果产品需要横向扩大覆盖领域，就运营节奏来说，这一步是最合适的推进时机。

品牌传播

在产品成型、社区调性确定、拥有稳定的活跃用户之后，就要考虑做品牌的对外宣传了，提高知名度，让更多站外用户不仅知道这个社区，还对社区的价值观有所了解，强化品牌认知。比如，知乎做过地铁广告，其中一个目的是覆盖并笼络知乎的外延用户，也就是在社交平台听说过知乎的名字、看过知乎的内容，但还未转化成产品用户的人群。

每个产品适合启动品牌传播的阶段是不同的，形式和渠道也不一样。对于社区来说，至少应该进行优质内容的持续传播，借助站外渠道扩大内容曝光，这样既对已有用户有激励作用，更重要的是可以对社区品牌进行传播。

社区运营的 6 个陷阱

社区产品是看上去很美好，但成功率很低的产品形态。社区运营工作有很多共性，下面我们将具体分析社区运营的 6 个陷阱。

为了提升用户黏性而做社区

决定去做一个产品或功能时，用户需求是唯一的原因。这个道理好像所有人都明白，但还是会出现这样的情况："我们是工具类App，用户大概每周访问一次，为了增强用户黏性、提升DAU，我们决定做社区。"

这个决策思路是有问题的。正确的逻辑应该是用户有需求才做社区，而不是为了提升黏性去做社区。看似差别不大的两句话，但实际上正好相反，这就可能带来错误的决策。

如果从提升用户黏性的角度出发，很可能出现的做法是，在App里添加一个叫"社区"或"发现"的标签，因为这样就达到了做社区的目的。

如果从满足用户需求的角度出发，就不会简单粗暴地添加一个社区模块了，而是要探索用户需求和产品方向的最佳结合点，或许将社区元素融入工具模块之中才是更好的选择。

由此可以看出，思考的出发点不同，到达的终点很可能相差万里。

急功近利地追求增速

社区最重要的是氛围，氛围是由小部分活跃用户营造的。从零开始做社区的时候，根据产品定位寻找种子用户，再通过各种手段让他们活跃起来，形成社区的氛围。虽然这一点用一句话就能概括，但实际操作中需要一定时间的积累。

最令人担心的是，在衡量一个新社区的运营进展时完全依赖数据。如果要求社区数据（如UV或UGC）每周都有涨幅，运营人员就难以踏踏实实做前期积累，而是疲于应付地做活动、搞噱头。可惜这时基础还没打牢，用户也会很快流失。

所以，社区的运营节奏很重要，每个步骤都应有不同的作用和侧重点，这样将几个步骤连接起来才会有明显的效果。如果单独拿出某一步或某一周的数据，希望从中发现显著的增长，这是不现实的，也没有意义。

如果在初期盲目追求增速，急功近利地希望每天上一个新台阶，就会打乱运营节奏，迫使团队盲目追求这个不合理的目标，做本不应该做的事。最后结果只能是拖慢了社区发展的脚步，甚至有可能失败。

我们来看知乎是怎么做的。其创始人周源曾经说过："我们其实没有炒作过热点话题。发展早期，我们会邀请优质用户，建议他参与一些合适的话题。知乎的用户发展经过了两个阶段。第一个阶段是邀请制，你要成为知乎用户，必须申请，或者通过朋友邀请。我们最开始选择邀请的 200 个用户，会影响随后的 2 万个用户。那时候你在站外搜索出的内容链接，大部分都是不能访问的。这个阶段大概持续了两年的时间，我们的想法是，发展可以慢一点，但要让社区的氛围能够沉淀得更好、更扎实一些，让更多的人来定义知乎。"

文中的"两个阶段"，就是知乎的运营节奏；"邀请的 200 个用户"是种子用户；"站外用户不能访问"，是为了保证社区氛围和内容质量而采取的措施。非常难得的是，这个相对封闭的状态，居然持续了两年的时间。可能大部分公司连两个月都无法接受吧。所以，不要只看到知乎现在的知名度和用户规模，而忽视其最初的耐心和克制。

改变用户认知

如果你去超市买牙膏，摆在你面前的是佳洁士和康师傅两个品牌，你会选哪个？相信大部分人的第一选择肯定是佳洁士，因为这是一个知名牙膏品牌，而康师傅是一个方便面品牌，买牙膏时选康师傅有点奇怪。

这就是用户对品牌的固有认知，改变起来成本很高。在互联网领域也一样，普通用户对百度、淘宝、美团这三个品牌的第一印象分别是搜索、网购、团购，但其实它们还有很多其他产品线。

当独立产品与母品牌差别较大时，就会遇到改变用户认知的难题。尤其对于那些先有工具，再有社区的产品来说，用户的认知往往还停留在工具上，很可能没注意到社区的存在。让用户关注和认可新方向（社区）的过程，就是扭转品牌认知的过程，需要时间。

在这个环节做得比较成功的，比如母婴类App。而做得不顺利的就太多了，比如淘宝推出过很多社区类产品，尚未成功过。

改变用户认知，是个难题，不仅会耗费大量时间和人力的成本，而且成功概率很低。

用户分享

愿意且有能力在社区贡献内容的用户是极少数。虽然很多互联网人能把微博和朋友圈写得精彩有趣，但这并不能代表所有用户的UGC能力。我们可以去看看长辈们的朋友圈，大部分网民创造和辨别优质内容的能力是有待提高的。

我们以知乎和Twitter（推特）为例说明。知乎上回答问题的用户占比只有5%，每天有95%的新增提问是没人回复的。不仅是国内网民，国外用户也是如此：40%的Twitter用户从未发过内容，只有10%的用户发布过10条以上的内容，发布超过100条内容的用户只有2%。

如果决定做社区，就必须接受这个现状：即使已经有了一定数量的用户，真正的内容贡献用户还是很少；而且无论运营上怎么发力，绝大部分人仍然不会被转化。

用户需求不存在

有很多案例失败是因为瞄准了一个伪需求。在这种情况下，即使把运营人员逼死，社区也做不起来。比如，有些产品的出发点是希望把线下需求转移到线上，通过社区满足。但在线下呈现的某种需求可能并不适合线上，这就会形成一个伪需求。

我曾经遇到过一个医疗行业领域的案例，这家公司的用户都是三甲医院的领导，提供的是高规格的线下医疗会议服务。医院领导非常愿意参加，因为这满足了其参与高端圈子的社交需求，同时还能满足经济利益需求。但公司想把这些客户从线下转化到线上，通过一个App来满足资讯、社交、学术研究的需求，这就是一个伪需求。

社区产品很难商业变现

一个有价值的产品需要有商业变现的能力，否则就无法生存。烧钱的方式更适用于大公司，而且也不是一种健康的发展模式。

之前有一种说法：只要社区的用户量足够大，就不用担心盈利问题。这句话从方向上说是没错的，但寻找赚钱的方式比想象的要难，甚至可能把社区难“倒”。因为社区的主体是内容，如果有任何涉及钱的元素出现在社区，用户体验就会受到严重伤害，就会影响内容的中立性、纯粹性，让社区氛围充满“铜臭味”。用户对此非常敏感，反应也会很强烈。

比如，我了解的一个内容型App的DAU已超百万，但只要产品中出现商品相关的信息，用户就会流失，点击率也非常低。因为迟迟找不到合适的变现模式，这个产品前途未卜。

知名的社区产品有很多，比如最大的百度贴吧。由于用户对百度贴吧的品牌认知太强，导致广告位点击率很低，以至对于百度贴吧这样量级的产品来说，都难以覆盖成本。所以，我们才会经常看到百度贴吧的各种变现尝试。

豆瓣靠卖广告，每年有超过一亿元的营收，但对于豆瓣这样有高附加值的产品来说，这个数字才刚及格。知乎也小心谨慎地开始商业化探索，但不会考虑影响用户体验的商业行为。也正是由于这个原因，知乎商业化的进展比较缓慢。

5 步做好冷启动

对于社区来说，最重要的是形成内容贡献和消费的闭环，也就是有进有出的流动运转，这样产品才会成为一个平台。内容和用户是相互作用的关系，缺一不可，这是一个双边模式。社区刚建立时，既没有贡献内容的用户，更没有消费内容的用户。冷启动就是要解决这个看似不可能完成的任务。

从执行环节来说，冷启动分为 5 步，下面予以详细拆解。需要注意的是，本书讲述的冷启动不仅针对社区产品，而且可以覆盖大部分 UGC 类的产品。

第一步：搞定双边模式中最关键的一方

在产品上线前，要先组建种子用户团队。对于双边模式的产品来说，种子用户选在哪一方，运营的重心就放在哪里。下面就来讲讲如何选择种子用户，而建立种子用户的具体做法，会在下一节详细说明。

双边模式常见于这两种类型：B2C（商对客电子商务模式）和 C2C

（个人对个人的电子商务模式）。

B2C类举例如下：

• 拉勾网，面向企业方和求职者。
• 58同城，面向商户和消费者。

C2C类常见的有：

• 豆瓣，面向内容贡献者和浏览者。
• 百度知道，面向提问者和回答者。
• 在行，面向行家和有需求者。
• 滴滴出行，面向司机和乘客。
• 春雨医生，面向医生和患者。

除了以上两类，还有B2B（企业对企业的电子商务模式），以及B2C和C2C混合型，前者不太常见，后者可以拆开分析，所以在此就不逐一分析。

以上拉勾网、58同城、豆瓣、在行、滴滴等案例，都可看作双边模式的产品。以拉勾网为例，没有名企，对求职者就没有吸引力；但没有求职者，企业的招聘需求就无法满足。所以需要清晰地知道谁是更关键的一方，搞定他们就可以撬动另外一方。

企业和求职者就像购物广场的商家和消费者。一个新建的购物广场需要先招商，让这些品牌商家完成入驻，再开门迎客。所以此处的商家更重要。

而拉勾网，需要首先搞定名企，在建立账号、发布职位后再做营销活动，吸引求职者填写和投递简历。

这种思路同样适用于上述其他产品。所以，在第一步选择种子用户时，如果是双边模式的产品，要选择更关键的一方作为种子。

第二步：把产品构建成你期望的样子

在产品开发即将完成时，运营应该把产品从里到外“收拾”一下。比如填充内容、活动和专题，让产品成为你期望的样子，这样可以保证产品氛围、内容调性和浏览体验是符合预期的。这样一来，当用户第一眼看到这个产品时，他的感觉与你对产品的定位就是相符的。

难点就在于“收拾”这一环节。很多内容型产品不重视冷启动阶段的内容准备，随便转载或抓取一批内容就以为万事大吉。看似已经填满内容的产品，其实没有产品应有的氛围，也没有用户使用的痕迹。这样冷冰冰的产品是无法留住用户的。

正确的做法是，运营人员根据产品的定位，选取或写出最合适最典型的内容，以不同的风格、角度和语境发布。如果有必要，还要创建一定数量的回复，要求观点各异，尖锐但不低俗。

按照这样的方式做完内容填充，基本的准备工作就完成了。这就像准备开张的小店，店面装修和商品摆放都已经完成，接下来就是开张迎客了。

第三步：引导关键一方融入产品

种子用户团队的建立和产品内容的填充已经完成了，第三步需要做的是，在产品刚上线或者公测阶段，将种子用户导入产品，让他们先活跃起来。为了保证产品上线后的效果，导入种子用户的工作要在产品上线后第一时间内完成。所以，这一步的关键就是提高种子用户的转化率，其中有三个关键因素。

种子用户选取的精准度

新上线的产品理应可以满足种子用户的核心需求，毕竟产品就是为这一人群准备的。所以，如果没有找错人群，不应该出现大量用户流失，反之，如果流失率较高，则要重新审视用户定位是否精确及其他因素。

种子用户对新产品的预期

在招募种子用户时，产品还未上线，用户看不到产品界面，对产品的理解也是有偏差的。这个阶段可通过需求调研、UI曝光、产品内测等方式，管理用户对新产品的预期，缩小与实际情况的距离。

打个比方，假如我们正在建一座三层高的别墅，那就要引导用户讨论有关别墅的话题，比如喜欢什么风格的别墅、怎么装修布置、需要注意的问题等；还可以发布几张修建中的别墅照片。这样一来，用户就不会认为这是商用写字楼、四合院或平房，使预期与实际大致相符。

如此一来，就能保证产品刚上线时，种子用户不会因为与预期不符而感到失望或困惑。符合用户的预期能有效地提升转化率。

导入方式的有效度

将种子用户导入产品需要一个给力的手段，这个手段一般来说就是活动。所以，活动策划的质量对导入用户的转化率有直接作用。需要注意以下三点。

• 活动目的要非常明确，能直接带动产品的核心数据。如百度知道的活动是回答问题，滴滴出行的活动是发起用车。

• 用户的收益要有足够的吸引力。比如，金钱补贴或授予限量特权。在这个环节可以投入适当资金，因为每个种子用户的个体价值都很大。

• 降低活动的操作门槛，使操作方便便捷。虽然种子用户并非完全陌生的用户，但是面对的始终是一个新产品，所以要通过降低操作门槛、优化落地页面和活动文案等方式，提升转化率。

第四步：撬动另外一方参与

前三步完成后，运营人员已经成功引入了双边模式中的“关键一方”。比如，拉勾网引入名企、在行引入行家、美团引入商户、滴滴引入司机、知乎引入知名的贡献用户。第四步就是把“关键一方”包装推广出去，吸引另外一方参与。具体做法可参考以下三个案例。

案例 1　滴滴出行

滴滴出行在上线快车和代驾这两个新业务时，先确定司机资源——这是最关键的一方，然后再在用户中做推广，也就是凭借司机资源来撬动普通消费用户，如图 5-6 所示。

图 5-6　滴滴出行推广活动页面

案例 2 拉勾网

拉勾网最重要的推广方式是把名企打包，然后通过主题活动向求职者推广。比如图 5–7 所示的“互联网招聘风暴周活动”。在这里，名企就是最关键的一方，拉勾网以此来吸引求职者，撬动这求职者参与活动并提升其在活动中的活跃度。

图 5–7 拉勾网“互联网招聘风暴周”活动

案例 3 百度知道“拇指医生”

拇指医生是百度知道的一个栏目，目的是满足用户的轻问诊需求。因此，对于这种问答类的双边模式产品，医生就是关键一方。产品首先引入公立医院的名医资源，之后以此撬动提问用户，如图 5–8 所示。

图 5–8　百度知道“拇指医生”

第五步：把控双边节奏，提升平台量级

走完前四步，平台已经开始正常运转。第五步的目标是让平台更大，也就是提升双边用户的量级。其难点在于平衡和协调双边的节奏。

在“关键一方”进入后，要预估当前阶段可承受的互动量或订单量，再根据预估的量级导入“另一方”。此时注意不能盲目地求多求快，要掌握节奏。如果其中一方的增速过快，就会导致需求无法满足，用户就可能会流失。

比如，如果拇指医生的入驻医生每天可以回答 1 000 个问题，那么就要控制流量入口，尽量让新增问题保持在这个规模，不要有太大的差距。如果每天只新增200个问题，医生可能会觉得这个平台人气不够，等一天都没人提问；如果每天新增3 000个问题，将会有很多问题无法得到解答，提问者可能会对这个平台产生怀疑。

所以，要平衡供求双方的量级。这一步的目标就是促使产品达到这种健康有序的状态，也是一个验证产品是否可行的过程。

种子用户的玩法

冷启动的第一步就是建立种子用户。这是一个独立的项目，有完整和系统的方法，在此对建立种子用户的具体步骤予以详细分析。

明确产品定位

产品定位，就是用什么形式满足什么用户在什么场景下的什么需求，可拆分为以下四点。

- 什么形式→产品形态
- 什么用户→目标用户
- 什么场景→需求场景
- 什么需求→用户需求

将这四点套用在不同的产品上，就可以得出产品的定位。以作业帮为例：

- 什么形式：用手机拍照请教作业。
- 什么用户：K12学生。
- 什么场景：学生写作业时，身边无人可请教。
- 什么需求：难题不会解答。

所以，作业帮的定位是：以手机拍照提问的形式，满足K12学生用户在学习时解答难题的需求。

大家可以尝试以自己的产品为例回答这四个问题，就能得出产品定位。可能有的产品用三个问题就可以解答，不需要回答全部问题。

根据定位圈定受众人群

上一步已经提到了受众人群，这一步要给出具体的范畴和定义。按显性和隐性两种属性划分，显性是用户的客观标签，是用户资料；隐性是能将用户划分至某个人群的标签，体现群体属性。

显性属性可以分为如下几种：

- 年龄。
- 性别。
- 所在地。
- 单身与否。
- 收入。
- 行业。
- 兴趣爱好。

按隐性属性划分，举例如下：

- 喜欢听李志的歌。
- 乐于找人拼单的海淘用户。
- 女权主义者。
- 喜欢电影《小时代》。
- 经常登录知乎。
- 两岁孩子的全职妈妈。
- 锤子手机用户。

• 每周去电影院看两场电影的人。

这是划分人群依据的标准。列出这些标准，依赖于对目标人群深入到位的研究。不能盲目相信问卷调研、电话访谈、当面谈话、通过用户群搜集反馈等传统的用户调研方式，因为这些方式存在形式化、用户戒备心理严重、搜集的样本不合理等问题，得出的结论可能有偏差，没有实际指导意义。

真正的调研应该是研究行业和融入圈子，掌握人群特征。具体方法多种多样，每个人采用的方式也不尽相同，但调研用户是一个优秀运营人员必备的特征。其中，和用户聊天就是最常用的方式。但这并不是随便聊聊那么简单，可以总结为四步。

第一步，与你认为“对”的某位用户吃饭聊天。要注意，不能只关注与业务相关的方面，而是把他当作一个完整的人来分析。比如，他的性格、体型、家乡、职业、婚否、兴趣爱好、三观、对敏感问题的看法、使用产品的方式等，这些元素可以拼成一个完整的用户画像，代表着一类人。

第二步，判断这位用户是否是目标用户。如果是，那可以继续约见和他同类型的用户，对此予以印证；如果不是，暂时舍弃。这个阶段的判断不一定准确，所以要抱着怀疑的心态多次验证。

第三步，完成与多个类型用户的沟通，分类逐一记录特点，便于继续沟通和观察。要注意将线上和线下的沟通相结合，因为很多人在线上和在实际生活中的表现完全不同。运营人员可以像一个朋友一样关注他的微博和朋友圈，这也有助于分析他所在的用户群体的特征。

第四步，圈定两三个重点用户类型，完善其显性和隐性的用户信息，作为当前阶段的目标人群。

分析目标人群需求

列出目标人群的需求，最好穷尽其全部相关需求，暂时不考虑产品能否实现。此时需要注意两点。

第一，用户在某个方面的核心需求只有一个，但会根据场景拆分成多个小需求。比如，习惯一周去两次电影院的用户，需求是观影，但可以拆分为观影决策、购票、情感共鸣等几个细分需求。

第二，分辨出真正的用户需求。比如，很多人选择用外卖App点餐，是因为有满减和红包等优惠，所以比到店消费还便宜。对于外卖App来讲，完全出于贪便宜的用户并非其目标用户。因为这些人没有点外卖的需求，只有省钱的需求，只要产品不再提供优惠，这些用户就会流失。

在用户调研和分析完成后，运营人员可以逐一列出目标用户的需求。比如电影App，列出的需求如下：

- 观影决策：看什么电影。
- 购票选座：提前圈定座位，票价越便宜越好。
- 观影前了解电影信息：包括电影类型、主演、时长、背景等。
- 观影后表达情感共鸣：比如表达感动、愤怒、开心等情绪。
- 与同好交流：包括就相同兴趣交流、同城线下交友等。

确定满足需求的方式

根据上一步列出的用户需求，运营人员给出解决方案，可以从产品和运营两个角度展开。此处继续以电影App需求为例，解决方案如表5–1所示。

表 5-1 电影类App需求解决方案

需求	解决方案
选择看哪一部电影	提供电影评分、影评
提前选座	产品功能支持
买票省钱	推出特价活动、赠票活动
观影前了解电影信息	建立影库（包括电影类型、主演、时长、故事背景）
观影后表达情感共鸣	写影评、社区发言、与主创互动
与同好交流	社区线上交流、各地线下活动

每个需求对应的解决方案是多层面的，既涉及产品功能，也包括运营手段。在列举解决方案的阶段，运营人员应尽量穷尽，不用担心资源和实现的问题。

选择种子用户

在选择种子用户之前，先要明确这些用户应该发挥的作用。一般情况下，种子用户的作用是：带动社区活跃、贡献内容、对外传播和组织活动。

针对这 4 点作用，种子用户需要具备 5 点素质：贡献能力强、活跃度高、容易接受新鲜事物、传播能力强、有领导力。

所以，“选什么样的人做种子用户”这个问题，就可以转换为“如何找到具有上述特征的人群”。为了方便，可以把人群按两个纬度划分：扩散模型和用户类型。

首先，用户按扩散模型可分为革新者、先期采纳者、早期大多数、晚期大多数和落后者。想吸引更多用户使用你的产品，你必须找到最潮的、对新鲜事物感兴趣的、接受能力强的、追求新和快的革新者，再由他们带动先期采纳者，形成可影响尾部群体的浪头。我们一起来看三个案例。

案例 1 简书

简书的创始人简叔告诉我，他的第一批用户是自己从Twitter上一个个邀请来的，当时没有专职的运营人员。目前还在使用Twitter的国内用户绝对是典型的极客，他们有独立的思考能力，而且与独立博客的目标人群有很高的重合度。而简书就是一个写作平台，可以看作无数个独立博客的集合，所以通过这个方式选出的人群是很精准的（简书界面如图 5–9 所示）。

图 5–9 简书界面

这个人群就是典型的“革新者”，是走在潮流前面的少数人群。对于简书这种有着优秀的写作体验、散发着小清新风格的产品来说，Twitter用户这个人群非常合适。

另外，试想你在Twitter上收到一位国内创业公司CEO（首席执行官）发来的新产品试用邀请，会有点惊喜吧。这和在微博收到私信、在豆瓣收到豆邮的感觉是完全不一样的，用户转化和关注程度都会高很多。

需要加以说明的是，简书这个方法不一定适用其他产品。国内Twitter的用户基数太小，而且活跃度不高，要想在这上面找到20个合适的用户，花费的时间应该会比较长。

案例2 Keep

Keep在产品内测时，在微博上做了一个非常简单的活动，如图5-10所示。

图5-10 Keep微博活动

这个微博活动从文案、规则、配图到奖品，都非常普通，而且500多次的转发量也不算高。但是，它最终招募到的300多个iOS内测用户，直到现在都非常活跃，忠诚度很高。原因就是这条微博被“肌肉男训练营”这个账号转发了。这个账号覆盖的人群都是健身领域的重度爱好者，或者说是健身达人，非常适合成为Keep的种子用户。

这300个“革新者”用户可以引爆

产品。他们通过扩散模型将产品传播给先期采纳者，然后再带动大众人群。

案例3 在行

在行是果壳网孵化的，果壳凭借已有的人脉关系，邀请一批科学和互联网领域的专家，即在行行家，做成了这个产品。而互联网从业者向来是最愿意接受新鲜事物、也很注重打造个人品牌的人群，他们就成为在行的“革新者”（见图 5–11）。

图 5–11 行家韩叙的在行个人主页

图 5–12 在行界面

就行家层面来说，互联网人拥有更开放的态度，愿意花费时间和精力参与，也有能力写出精彩的个人简介，提供优质的内容服务。就需求层面方来说，互联网人对新鲜模式有更强烈的兴趣，体验新产品的意愿更强烈（见图 5–12）。

对于行家来说，两个小时的约见不仅有经济上的成本，如往返路程、餐费，还有隐性成本，包括约见前做准备和约见时的时间成本等。所以参与在行的意义不仅在于金钱收入，还可以感受新模式、积累人脉、拓展视野，这些都是革新者关注的。

我们再来分析第二个纬度——用户类型。按用户类型可将种子用户分为：联系人、推销员和内行。

“联系人”有广泛的人脉资源，影响力大；“推销员”更擅长用适合大众的方式使他人接受自己的观点；“内行”是某个领域的专家或资深参与者，但不一定有人脉和推销能力。我以两个案例说明。

案例 1　小咖秀

图 5–13　小咖秀

小咖秀（见图 5–13）爆红的原因有很多，其中最重要的是明星红人的引爆。从《康熙来了》和《快乐大本营》的明星们开始，再到“华妃娘娘”蒋欣模仿了金星，这些明星们录制的内容都在微博平台疯传。

明星红人的联系人属性很强，他们不需要像推销员一样去做什么，只靠着自己的影响力，就能对产品起到很好的传播作用，这也是现在很多产品打“明星牌”的原因。

案例 2　猫眼电影

猫眼电影的用户是去影院观影的影迷，都会产生线下行为，所以这个人群具有地域属性。如果能将其中活跃的、有组织能力且对产品认可度高的用户组织起来，在各地开展线下活动，这样就可以提高猫眼电影在当地的品牌渗透力，而这部分活动的组织者就是猫眼电影的推销员。图 5–14 展示的是一系列线下活动场面。

图 5–14　猫眼电影各地线下活动

在按照扩散模型和用户类型两种纬度确定用户人群之后，运营人员要找到用户的“聚集地”，为后续引入做准备。

聚集地主要指线上平台，如微博、豆瓣、知乎、百度贴吧。比如，美丽说在微博上找达人、出版社从知乎和简书用户中寻找作者、很多UGC产品从豆瓣用户中找内容贡献者。这一步没有太多的技巧，就是顺着目标人群找到他们集中使用的互联网产品。

通过运营措施引入种子用户

在找准目标人群之后，就要开始引入种子用户。在冷启动时，产品还未上线，此时引入的用户就只能先以群的形式管理维护。所以，引入种子用户指的就是让种子用户进群。

在引入之前，运营人员先要考虑产品的已有资源是什么，比如流量、可控优质用户、费用等。如果有，重点在于如何才能争取更多资源，以及怎么高效利用这些资源，不断通过优化产品来提升转化率，在此不作赘述。如果没有资源，需要从外部寻找并引入用户。这种做法难度更大，但却是大多数运营人员都必须面对的，下面对此进行详细分析。

站外引入的方式有两种：邀请和招募。从运营执行的角度来说，做好这两点的方法是一样的，都是根据产品功能，将其包装成一个项目，以用户感兴趣的形式展现。具体可分为四步。

第一步：建立组织

因为产品还没上线，所以此时建立的是一个虚拟用户组织。这个组织包括组织制度、准入标准、会员权益和日常活动类型，可以以H5（第五代HTML，也指用H5语言制作的一切数字产品）页面或图片的形式展示，以能说清楚这件事为准。

这一步需要让用户感知到，这是一个严肃和规范的组织，不是随便说说的。因为只有全方位打造一种仪式感，用户才会更重视这个组织，更积极和认真地对待。

第二步：策划活动

有了用户组织之后，还需要有一个噱头吸引用户加入，这就是活动。在具体执行环节有以下两个思路。

用利益吸引。比如，虽然产品尚未上线，但也可以组织影评大赛，电子投稿就可参加评选。三名获奖用户将分别获得 200 元购物卡一张，并且获奖作品将在公众号上传播。

用特权吸引。这一点的核心是向用户传达他们将获得的稀缺资源。比如，新产品上线后用户将成为首批VIP（重要）用户，可以获得四个特权。对新产品的特权感兴趣的用户，一般是上文里提到的革新者，是非常理想的种子用户人选。

有人可能会困惑，产品根本没有可提供的特权给用户，不知道该怎么做。其实，特权是可以包装的，比如，优先展现的特权、绿色通道特权（可与官方直接沟通）。这确实是特权，而且基本上每个产品都能提供。

第三步：逐一沟通

找出 1—2 个目标用户所在的平台，调研后得出搜寻用户的方式，比如分类、排序、搜索等。找到目标用户后，再逐一与用户沟通，告知前两步完成的用户组织和活动，吸引其入群。此时可以撰写一个简短、清晰、有人情味儿的邀请文案，逐一发给用户。文案具体怎么写，请参考第二章，其中有详细分析。

第四步：不断复验

前三步是引入用户的完整流程，运营人员需要多次重复这个流程，引入更多的用户。同时，也要不断复验这一流程，优化每一个环节，然后再逐一落实，验证具体优化的效果。

比如邀请文案的优化，我们可以让两个同事将不同的文案发给同一类用户。一天之后，两个人互相反馈邀请结果并讨论如何优化文案，包括文案是什么、用户回复了什么、担心什么、有什么问题等。然后各自吸取对方的经验，优化调整后再次发出邀请，这就是不断复验的过程。

群内再运营保持活跃

用户入群后，运营并未结束，而是刚刚开始。运营人员需要管理这个用户组织，保证活跃度，这样才能在产品上线时派上用场。

管理

在用户组织刚开始扩张时，运营人员就要立即着手建立管理团队，甚至可以快速选出几个合适的用户先担负起责任，如果不合适可以再换。关于用户人选，首先要找支持你本人的用户，这样利于沟通；其次用户要有时间、有精力；最后是用户善于沟通、情商高、能承受压力。

管理团队一般由高级管理员、管理员和活动策划这三类人物组成，每个位置的人数一般在 1—2 人。具体工作内容如下。

高级管理员是用户组织的最高管理者。如果说官方是用户组织的“创始人”，那么高级管理员就是“职业经理人”。在产品的发展过程中，官方肯定要慢慢退居幕后，用户群就会由高级管理员负责管理，所以要慢慢帮他建立威信和话语权。

管理员是高级管理员的副手，协助处理一些执行环节的事务，比如用户群里的答疑工作。每次有新人入群，管理员要负责破冰和答疑，让新人尽快融入集体。

活动策划负责策划执行日常活动。从策划到落地执行，从文案到设计，都由其负责，非常考验创意和执行力。

活跃

运营种子用户的难点是产品未上线，用户只能在群里互动。如果用户觉得无事可做，慢慢就不再活跃，等到产品上线后，也无法转化为产品的用户。所以运营人员需要采取一些具体的措施，来保证种子用户的活跃：

• 每日话题

一般来说，群里的成员具有某个共同属性，这就是交流的切入点。运营人员可以每天发起话题讨论，由一位用户负责选题和分享，先分享自己的观点，再抛出问题，引导大家一起讨论。

这就像产品的“签到”功能一样，拉动用户每天来发言，用户就会慢慢养成习惯，每天参加。群里的成员会因此慢慢熟悉起来，运营人员可在此基础上培养社群的氛围，同时加强用户对产品品牌的认知。

• 功能调查

引导用户参与功能调查，比如，向用户发起“以下几个功能，你最希望有哪个”这样的活动，配上几张截图，慢慢培养用户对产品的认知。

通过一些引导或选项设置，我们应该保证得票最多的那个功能会出现在即将上线的产品版本中。这样可以提升用户的参与感和归属感。

• 线上活动

线上活动是最有效的促进用户活跃的方式。因为产品未上线，所以运营人员可以根据产品的核心功能发起一个线上活动，通过其他形式落地。

举例说明，假如电影App的核心功能是写影评，那就可以在用户组织中发起有奖写影评活动。因为产品未上线，所以以发到邮箱为参与方式。同样灵活的落地方式有很多，QQ群论坛、百度贴吧、公众账号都可以承载，操作也便捷。

线上活动的好处是，在产品未上线时就开始培养用户习惯。等到产品上线后，用户操作起来就会更加顺畅，新产品接受起来也会很容易。

以上这三种手段，可以有各种不同形式的变化，在上线前可以多次使用。

产品上线后导入种子用户

这一步是临门一脚，把种子用户导入刚上线的产品。如果以上7步都做到位，这一步就会变得非常容易。此时的正常状态是，用户都迫不及待地索取App的内测下载链接。

此时运营人员还有几件事要做。

• 培训。新产品上线后，用户对产品还是比较陌生。所以运营人员要在群里不断解答疑问，培训他们使用和操作。

• 搜集反馈。在内测阶段就可以把产品发给种子用户，让用户帮忙寻找漏洞或提交使用反馈。

• 活动导流。在刚上线的产品上做活动，可以投入一些费用，引导种子用户快速开始使用，甚至大量贡献内容。

以上，就是8步搞定种子用户的全部过程，再加上之前的5步做好冷启动，基本上社区运营实操方面的难题就解决了一大半。其他有关用户、内容、活动的运营工作，在其他章节已有提及，道理都是一样的。

小黑板

1. 一个成熟的社区就像一座城市，通过制度管理成员、通过供需组建市场、通过平台传承文化，而且有稳定的自我运转机制。社区的运营者就像城市的管理者，最核心的职责是建立规则，并不断优化。

2. 决定社区成败的三个要素是定位、调性和用户激励。

3. 运营一个社区是有节奏的，一般会分为冷启动、探索模式、快速复制这三个阶段。其中，冷启动阶段是重点和难点。

第六章

用产品思维做运营

用户需求不是调研出来的

产品是为了满足人的各种需求而产生的。所以我们在规划运营策略时，应该以用户需求为中心，以此作为决策的依据。

所以，了解用户的真实需求，是从业者必须迈出的第一步，也应该贯穿运营工作的全过程。对于运营人员来说，把握用户需求的能力比专业能力更重要。这就是为什么音乐、电影、体育等垂直领域的产品，都会聘请有专业背景的人或资深粉丝做运营。因此，我认为运营的最高境界是，先让自己成为用户，然后以用户的心态做运营。

但是，这很难做到。当我们站在运营视角做决策时很难用真正的用户的心态考虑问题。所以，把握用户需求是一件专业的事，是从业者的一项专业技能。对于运营人员来说，这个专业技能就是会分析、运用和创造用户需求，并通过运营手段将其在产品上落地，从而达成产品的整体目标。

目前最常用的了解用户需求的方式是调研，流程如下：

- 根据产品定位，列出目标人群的类别。
- 按人群类别分别列出属性，如性别、年龄、所在地等。
- 搜集用户信息，如问卷、电话、访谈等。
- 分析搜集到的信息，得出调研结论。

搜集用户信息的方式如下：

- 问卷调查。
- 焦点小组。
- 相关人员访问。
- 现场观察。
- 二手资料。
- 竞品调研。

以上是传统的用户调研方法，看起来逻辑清晰、很合理，其实存在很多问题。

用户反馈不是真实的

我们追求的是最本质的客观事实，而在调研中，用户反馈的信息必然会经过用户自己的处理，带有主观意识。通过这种方式得到的反馈信息，有悖于我们想得到客观事实的初衷。下面，我们来进一步分析出现这种问题的原因。

利益驱使

为了让用户参与调研并提供自己的真实情况，调研者一般会发放奖品予以激励。但是，本应客观公正的用户调研，因为掺杂了利益，难免会变味。

正所谓“吃人嘴短”，用户在奖品的驱动下可能会不自觉地给出较为正面的反馈。比如，顾客在淘宝购物，如果卖家承诺赠送价值 5 元的礼品，前提是顾客给予好评，那么除非购买的东西特别糟糕否则顾客都会给好评的。

所以，没有利益驱动，就很难让用户参与调研；但有了利益驱动，有可能会影响最终结论，这是调研很难解决的矛盾。不过，如果对调研样本的数量要求不高，这个问题的影响尚在可接受的范围内。

群体影响

正如《乌合之众》里讲述的那样，用户在参与调研时，个人观点很容易受到群体影响，从而给出非客观的答案。

这种案例很多，比如在比赛现场看球时，即使你是中立球迷，也很容易被身边的人感染而倾向于某一队。

调研时更容易出现这种情况。比如你看完一部电影，准备去豆瓣上标记评分，一边打开网站一边拿不准到底打三星还是四星。此时，你发现大多数豆瓣用户都打了四星，这时你是不是也会不自觉地打四星？

导向性描述

无论调查问卷还是用户访谈，都需要将信息传递给用户才能获得反馈。在这个过程中，很容易掺杂导向性描述。举个例子，为了研究用户对什么内容感兴趣，我们曾经做过一次问卷调研。其中有一题是这样的：

你最希望看到以下哪一类内容：

A. 新闻资讯

B. 专业影评

C. 网友评价

D. 主创评论

E. 官方精选内容

结果，选择“官方精选内容”的用户占比最高。但这个结论是有问题的，问题在于选项的描述，“官方”和“精选”代表着优质和权威，是导向性描述，与其他几个客观描述的选项相比，这个选项最让用户信服。

认知不统一

很多情况下，调研中的问题或选项缺乏统一的界定标准，用户对此的认知可能完全不同。如果认知有差异，那么调研的结论就没有价值了。

举个最简单的例子，让游客对同一个景区进行评价，张三的评价“还行”，与李四的评价“风景宜人”，很可能在他们心里都是“不错”的意思，属于同一水平。但体现在调研的结论中，这将被分至不同的两档。

再举个例子，给电影评分时，有人认为“还行，把我逗笑了”属于 5 星级别；而有人认为只有类似《教父》这种经典电影才值得给 5 星评价。

以上案例说明，用户对于评分的标准认知不同。即便有文案对评价级别进行引导，比如三星对应的文案是“一般”，四星是“比较好”，但是关注引导文案的用户肯定是少数。

把未知因素视为已知条件

调研时，调研人员需要预设一个场景或条件，然后从各个角度出发，交叉验证这个预设场景是否正确。这是比较传统的方法，理论上是合理的。但实际上很少有人真正执行“交叉验证”这个环节，而是只做“预设场景”，相当于把调研设计者的主观意志强加到用户身上。

举个例子，某次调研中有一个这样的问题：

在线问诊时，你会向谁提问：

- 三甲医院资深专家，付费 10 元。
- 二甲医院主任医师，付费四元。
- 乡镇医院主治医师，免费。

这个案例存在的问题，就是把未知因素视为已知条件。首先，用户不一定会“在线问诊”，除非之前已有“你是否会使用在线问诊”或类似问题；其次，用户并不清楚“三甲”和“二甲”医院的差别。如果这样，这个问题就没有价值了，甚至还会误导最终结论。

这样的案例还有很多，再比如“作为媒体平台，XX哪一类内容最吸引你”，用户可能不清楚什么是媒体平台，也不认为该平台是媒体平台。

以上四点是在调研用户需求时容易出现的问题。需要强调的是，此处并不是说问卷或访谈不靠谱，而是说这种形式更适用于搜集客观的用户信息，比如在一个广场里，是男性多还是女性多，是老人多还是儿童多。因此，不要简单地认为传统调研不靠谱，而是要针对不同的调研目的，选择合适的调研形式。

用户需求调研应该怎么做

上文说到，运营的最高境界是先让自己成为用户，然后以用户的心态做运营。我们可以把这句话拆解为两点：

- 把握用户需求，了解用户就像了解自己一样。
- 具备运营能力，把用户需求通过运营手段落地。

可以看出，用户需求实际上来源于对用户的了解，运营人员应该真正站在用户的角度设身处地地感受和积累，去做用户可能做的事，而不是全部通过分析和调研得出答案。

以下是我总结的调研用户需求的方法。

与用户大量沟通

在调研前并不确定哪几类用户是目标受众，所以运营人员可以先列出几个分类和名单，与大量用户面对面沟通，快速积累到一定的量级。经过这一番沟通，理应对用户群体有了一定了解，在此基础上检查之前的名单是否合理，如果尚不明确可以多次重复这一环节，直到想清楚为止。这虽然是一个“笨办法”，但一定是最有效、最牢靠的方法。

我之前做在线教育产品时，起初完全不了解中小学生群体的需求，于是就和大量中小学生面对面交流，借此了解他们的学习环境、生活方式、兴趣爱好、手机持有习惯等。我先把用户分为小学、初中和高中三类，再以相应的方式做调研：

• 小学生：进校与学生进行群体交流，以及面向家长和老师进行一对一访谈。

• 初中生：进校与学生进行群体交流，以及面向学生、家长和老师进行一对一访谈。

• 高中生：在校外与学生进行一对一访谈和问卷调研，以及面向家长的一对一访谈。

在访谈数量较少时，调研者可能会感到困惑，因为个体之间的差别很大，无法总结出规律。但积累到一定量级后，我们就能对中小学生和家长这个群体有初步的了解，也能认识到不同群体的差异，可以有针对性地做运营规划。

尽管我们不能用一两句话总结规律，但对这个群体的理解肯定是深入的。就好像我们对自己的父母很了解，尽管我们很难用一句话描述清楚他们是什么样的人。

做用户会做的每一件事

用户会围绕产品做很多事，所以，为了体验用户的感受、融入用户群体，运营人员也应该去做这些事，甚至在多个场景、长期大量去做，这样才能真正体会用户的感受。

以简书为例，其内容贡献用户是写作爱好者。想要了解这部分人的需求，运营人员就要自己多发布几篇文章。发布文章大概分为三个阶段：

- 确定主题：感受策划过程中的纠结和痛苦。
- 写作和发布：体会写作时的感受，同时体验产品。
- 等待反馈：比如回复、点赞、转发、评论、打赏等。

由于篇幅所限，我们着重说一下最后一点“等待反馈”。之前两步做的所有工作，付出的时间和艰辛、积攒的情绪，都要通过这个环节释放。所以，收到很多点赞和好评是什么感觉，收到很多谩骂和无人关注又是什么感觉，如果你不写文章，是很难体会到的。

这就是为什么有人没有任何经济收益却乐于在互联网上贡献内容。只有参与其中，才能真切感受到这种精神上的成就感和满足感。

研究行业

目前的互联网产品基本上都专注于某个垂直行业，比如医疗、教育、娱乐等。行业是用户和产品所处的大环境，用户和行业之间的关系就好像鱼和水的关系，因此，除了感受用户，还应去研究用户所在的行业。

当然，这可不是让运营人员去做行业调研，只需关注行业热点和趋势，同时参与业内交流就够了。

获取信息以及业内交流的方式，主要依赖于日常生活中的积累，以及自我驱动和学习的能力。只要长期坚持下去，就会从外行转变为内行。

关注竞品

需求调研的难点是，用户要在构建的场景下给出反馈信息，但实际上用户感受不到这个场景。比如，我们向一个人提问：如果你站在100楼的楼顶往下看，你会害怕吗？这就是构建的场景。可是他并没有站在那么高的地方，难以感受。

竞品可以解决这一难点，我们可以把竞品当作小白鼠、出头鸟、领跑者，坐等结论就行。

回到产品本身，假设你想知道用户是否有某一方面的需求，可以看看竞品里是否有满足这个需求的模块，再看看数据情况，基本上就能印证了。比如，想知道用户是否愿意为文章付费，可以关注微信公众号；想知道用户是否会为音乐付费，可以关注虾米音乐和网易云音乐。

有的竞品在前台就能看到数据，比如打赏和浏览量；如果在前台看不到，可以通过咨询业内朋友等方式了解大概情况，获知基本的数据或转化率。

充分利用内部资源

产品内部有很多分散的、无结论的信息没有被利用起来，比如用户反馈和用户行为数据。

用户反馈

逐一核查所有用户反馈的渠道，包括站内、微博、微信、用户群等，每周搜集用户反馈（漏洞要及时处理），并分类和标记优先级。积累一段时间之后，运营人员会发现被不同用户反复提到的需求点，这时就需要重视起来，挖掘用户反馈背后的真正需求。

比如，用户希望新增“关注”的功能，实际需求可能是快速找到之前浏览的内容。假设这点成立，可以看出用户会在这个平台消费内容，并且对内容有稳定的预期。接下来，在运营上应该更重视品牌化的内容，在产品功能上开发更便捷的内容消费方式。

用户行为数据

想了解用户有哪些需求，可以查看现有各功能模块的数据，或者预先上线几个模块观察效果，因为数据是最有参考价值的。

比如，如果想知道用户喜欢50字还是300字的影评，运营人员可以选一部电影，在相同位置把两种不同字数的影评各放一天，记录浏览量和互动量。之后替换不同的电影和不同风格的影评，应该可以得出明显的结论。

所以，我建议运营人员平时多看产品数据，不仅包括整体的DAU和新增用户，还包括各个模块的数据，以及过去一段时间的走势，从中会发现很多有用的信息。

相对于用户研究来说，上述方法虽不专业，但能解决运营的问题。另外，用户研究一般是以单个项目为研究单位，并不像运营人员一样需要长期关注同一个产品。受此约束，用户研究人员调研的效果也会受影响。

总之，用户需求不是恒定不变的，而是在不断变化的。运营人员要想尽办法融入用户群体，不断感受和钻研用户需求，甚至探索用户都未发觉的需求点。

不能忽视用户预期的作用

不管是工作还是生活，人们都离不开“预期”。只要合理地达到预期，人们就更容易对工作和生活感到满意，这个理想状态实际上就是我们工作和生活追求的目标之一。

做运营也是同样的道理。运营人员围绕用户预期做了很多工作，只要能利用好用户预期，并在产品上落地，就能让用户感到满意，用户自然会喜欢这个产品。同时，这对项目本身的发展也能产生事半功倍的效果。相反，如果达不到预期效果，则会影响用户体验，进而不利于用户留存。如果用户预期是想看深度内容，点开页面却看到打折促销的商品，用户会马上关掉页面。长此以往，用户会对产品产生负面印象，导致严重的跳出和用户流失。下面用几个案例来说明。

案例 1　冷启动

在产品还未上线时，就要开始冷启动的工作。运营人员会招募相关领域的目标用户，进行沟通和管理。

种子用户愿意在产品还未上线时聚集在群里，说明他们对产品感兴趣，对产品是怀有期待的。这个期待就是用户预期，是用户自己描绘出的样子，比如界面风格如何、功能卖点包括哪些。

比如，我想做一个电影App，前期卖点是9.9元特价票。在产品开发阶段，我决定招募种子用户，开始冷启动的工作。于是我给豆瓣电影的活跃用户发豆邮，说明我在做一个新的电影App，欢迎他们来体验。

在海量撒网后，我招募到50个用户。由于产品未上线没有具体页面，所以这50个人对产品有50个不同的印象，这就是用户的预期。

如果我不做任何管理用户预期的工作，新产品上线后，相信他们会大吃一惊：原来是个卖特价票的网站，我还以为和豆瓣类似。这就是用户预期与实际情况存在反差所致。在这个反应发生的同时，用户体验已经被伤害，这会造成多数用户退群流失。

庆幸的是，我做了管理用户预期的工作。在这个50人的用户群成立之后，我每周都会推出2–3个小活动。

• 发起投票。让用户投票选出自己喜欢的页面设计或功能。在这个过程中，用户接触了页面风格和核心功能，缩短了预期与实际情况的距离。

• 征集意见。让大家说说都在哪个平台买票，是否遇到过让人崩溃的体验，希望怎么改进。在此过程中不仅能够搜集用户需求，而且可以引导大家关注买票这一行为，与产品的实际情况相符。

• 话题讨论。运营人员策划了几个互动类话题，每天早上10点在群里发起讨论。内容都是与近期的热门院线电影相关的，这就强化了与产品功能相关的去电影院看电影的特点，与豆瓣的定位存在差异化。

在这个案例中，运营拉近了用户预期与产品模式之间的距离。产品上线后，种子用户可以迅速转化为产品用户，保持高转化率。

案例2 促销活动

因为O2O产品在过去几年一直给用户发放补贴，用户已经养成了“薅羊毛”的习惯，哪里便宜就去哪里，只认价格，对产品忠诚度不高。

但是由于成本问题，低价活动有很多限制，不适用于全部商品，所以很多页面会标明“××元起”，比如“99元起”。“起”这个字就意味着这个促销专题中只要有一件99元的商品，就不算欺骗消费者。

以一个旅游类产品为例。打开这个App，有一个非常显眼的“周四99元专场”专题（见图6–1）。

图6–1　某旅游类App页面

该App长期以来以低价为卖点，所以用户使用这个产品的出发点本来就是追求低价。但是用户点击进去之后却开始困惑，因为在页面的默认排序列表里，并没有看到任何价格为99元的商品（见图6–2）。

图 6-2　“周四 99 元专场”活动页面

用户带着 99 元的预期，点开页面看到的都是三位数的价格，这势必会给用户带来极大的失落。因为与预期完全不符，相信有很多用户会果断关掉这个页面，并对该产品产生一种欺骗用户的印象。

这样开展低价促销活动，虽然能拉来流量，但对实际交易额和用户口碑并没有帮助。当然O2O产品要计算补贴的成本，所以很难做到一个专题活动中的所有商家都有折扣，反而希望通过促销产品带动高利润产品的销售。

在这种情况下，如何兼顾补贴成本与用户预期呢？运营人员可以保证一个促销活动中至少有 30%的低价商品，并排序在最上面，这样可以减少用户的失望。

案例 3　线下活动

大部分从业者都是依托线上平台做运营，一旦涉及线下活动，情况会复杂得多。因为线下活动会让用户对产品有一个更具体的全方位感受，运营人员需要做好方方面面的准备，才能给用户一个满意的体验。

假设我是一个电影类App的运营人员，希望组织一次有爆发力、有亮点的线下活动，提升品牌知名度和用户活跃度。恰逢“双十一”，我决定在北京做一个活动，包场请单身男女免费约影。

做活动之前，我认为这个活动会起到非常好的效果。首先，活动时间处于“双十一”这个具有话题性的时间节点；其次，看电影是一项常见的娱乐活动，最重要的是免费。于是，我立即开始策划活动，期待它火爆的场面。

但活动最终并没有达到我期望的效果，因为影响线下活动的因素太多，把控的难度很大。其中最难的就是用户预期。在招募到的 100 人中，有着各式各样的诉求和问题，有人将其视为相亲的机会，有人纯粹为了免费看电影，还有人居然是情侣一起来报名的。

当这 100 个预期完全不一样的用户坐在一起时，用户的满意度肯定不高，还会伤害产品的口碑。

合理利用物质激励和精神激励

只要产品有价值，就有人用。比如，在饭店埋单，用微信支付比用现金更方便；出门打车，用Uber比等出租车更方便、便宜。但是，想让用户持续和高频地使用产品，就需要用户激励。从实现途径来说，分为产品功能和运营两种方式。可以使用的产品功能有积分、等级、榜单、勋章、签到、加V认证等；运营的方式有活动、推荐、包装、付费等。但是用户激励是一个体系，不仅是一个手段那么简单。所以，在执行的过程中，产品和运营是分不开的。

构建用户激励体系需要先从用户需求出发，选择合适的模式，再与产品功能相结合。这里所说的用户需求，可以分为物质和精神两种：物质就是钱或实物，精神是指心理或情感上的满足感。下面就分析一下如何利用物质或精神手段做好用户激励。

物质激励

物质激励就是以物质作为用户贡献的回馈。这里说的物质不仅包括钱，还包括可以用金钱计价的实物。所以，物质激励就是以钱为核心，本质上和交易是一样的。买方是产品端，卖方是用户端，以一个双方认可的方式和价格在产品上交易。用几个案例来说明。

案例 1 百度知道

我在百度知道工作时负责过一个“问医生”的项目。这个项目的模式是，邀请公立医院的医生入驻，回答轻问诊类的问题。当时互联网医疗行业的状况是头部资源非常稀缺，三甲医院的专家时间价值连城。想要吸引他们，要么有学术研究的价值，要么有经济收益。

问医生定位的轻问诊方向决定了给用户解答单个问题的费用很低，与三甲医院专家的出诊费并不相符，所以，我们把引入目标转向二三线城市、二甲或更低级别医院的医生。这些医生时间相对充裕，收入相对三甲医院医生并不高，所以更易接受这一项目。

当时业内的做法已经较为成熟：医生在线上答题的报酬采取阶梯式的计价方式，也就是按照答题数来计算费用，医生回答的问题越多，收入越多。

这就是典型的物质激励体系，用钱来吸引和驱使用户。运营基本都围绕钱展开：

- 招募医生时，主推卖点是付费回答。
- 与医生沟通时，花费很多时间解答费用问题。
- 不断优化收入体系，提高费用的使用效率。
- 加强审核，保证回答的质量。
- 跟进公司内部流程，保证付费的准确和及时。

这种激励方式和上班挣工资的道理是一样的，上一天班，拿一天工资，收入有明确的计算方法，医生对此有准确的预期。

案例 2 百度众测

百度众测是一个有偿的任务平台，各个产品线将标准化操作包装成任务，交给核心用户完成，按照操作数量付费。这个模式将百度的海量用户资源进行了最大化利用，既调动了用户积极性，也节省了百度的人力，如图 6–3 所示。

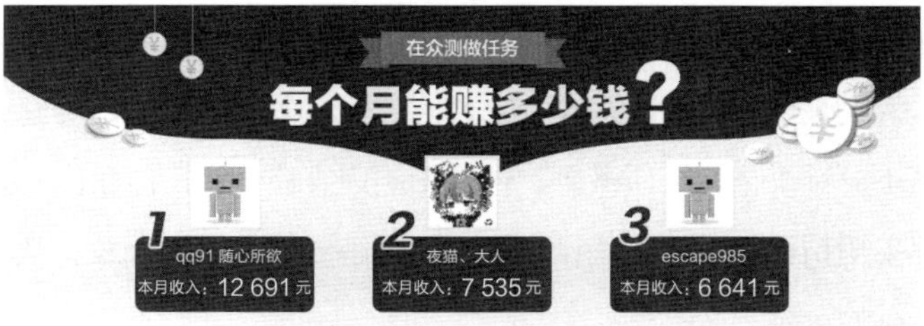

图 6–3 百度众测用户收入榜

用户需要做的都是非常简单、无须思考、非黑即白的客观题。比如，把汉字和字母匹配，与“运营最强”匹配的是“yunyingzq”或“yyzq”。用户完成 500 组匹配就可以获得 100 元京东卡，相当于每个操作 0.2 元，满 500 个才进行支付。这个任务有明确的定价和支付条件，属于物质激励的范畴。

美团也有类似的众包模式，用户可以拍下商户的店面，上传到众包 App 上，并附上商户的名字，通过审核后，就可以按照片数量领取费用了。

物质激励的优势在于撬动能力强，当用户得知有收益时，很可能快速参与；而劣势在于无法保证用户贡献的质量，而且产品的氛围也会受到影响。物质激励本质上是一个赤裸裸的金钱交易，双方的互动建立在钱的基础上，所以用户自然就会按照这种方式来对待产品。比如，用户发一个帖子能拿到一元钱，那么用户就只会关注发帖数，而不会关注帖子的质量。这不能怪用户，因为帖子质量的好坏并不受交易规则的约束。

目前需要用户贡献内容的互联网产品大多数以兴趣爱好为切入点。比如，用户把自己做菜的过程一步步拍下来，发到下厨房App，就是因为享受做菜这个过程，并且希望和别人分享。从这些照片和文字描述中能看到用户对此倾注的感情，这已经不仅仅是一道菜了。

但是，如果用户发一道菜可以拿到5元钱，应该可以带来大量的新增内容，但其中的情感元素就会大打折扣，每一张图片、每一句描述都可能是冷冰冰的。因为此时的用户在执行任务，并没有投入感情。

所以，物质激励适用的范围较小，比如众包类产品。内容或用户类产品不应过于依赖物质激励，这会影响内容质量和产品氛围。这类产品最好采用精神激励的方式，把用户的兴趣爱好利用到极致，从而转化为对产品的贡献。

精神激励

精神激励是通过满足用户的情感诉求，达到使用户持续贡献的目的。精神激励是内在的、无形的激励，与有形的物质激励相对应。从形式上来说，精神激励主要有三种：互动、展现和特权。

互动

互动是最简单、最直接的激励，用户会因为产品给他带来的互动留存或持续贡献。不管他是明星专家，还是普通用户，都是一样的。比如，虽然明星们在微博上一般不会和普通用户互动，但实际上激励他们的就是这些普通用户。如果没人与他们互动了，明星们也就没有动力继续参与了。

互动的表现形式包括关注、回复、点赞、这些转发等，都是互动的产物。做好互动，可以通过以下三种方式。

第一，在大流量位置曝光，为贡献用户带来互动，一般通过人工推荐或机器算法两种方式实现。比如知乎日报这种偏重内容质量而非个性化的产品，更多地采用人工推荐这种方式；而今日头条、网易云音乐的推荐歌单及其他榜单采用的是算法推荐。

对于大流量的产品来说，运营的价值是通过流量分发实现的。在高曝光、高流量的位置推荐什么内容或人，不仅体现产品调性、塑造产品氛围，还会激励内容贡献用户，也可作为衡量优质内容的标准。

脉脉对优质内容采取人工推荐+机器算法的推荐机制，图 6–4 就是内容被推荐后用户收到的通知，这样的反馈对贡献用户来说是很重要的。

图 6–4 脉脉动态通知

第二，运营人员参与互动。这种情况多用于冷启动阶段，因为用户量少，所以用户收到的互动量就更少。此时运营人员必须率先参与，轮番与用户互动，满足贡献用户的互动需求，这样才能留下第一批种子用户。

第三，通过策略自动分发。除了运营人员参与互动，还可以通过策略进行自动分发。因为运营人员只能关注到最重要的内容和最核心的用户，覆盖面很小，除此之外还有很多种情况，需要覆盖更多用户。

比如，你刚在一个产品完成注册，就有粉丝关注你并和你打招呼；在你未启动App的时候，会收到推送告知有人向你搭讪，这就是机器计算的结果。

将个人资料完备和头像有吸引力的账号推送给新注册用户，这么做是希望给新用户留下好的第一印象——氛围不错，并且给用户一个留存的理由。图6–5就是新用户注册后收到的互动提醒。

图6–5　互动提醒

展现

把用户或内容放在页面的重要位置，对用户来说是一个肯定或奖励。这就类似于学校公布年级考试前 10 名名单，这对上榜的同学来说是一个非常有力的激励。

这里说的展现和上文提到的流量分发，在展现形式上是一样的，都是把用户或内容放在重要的、流量大的位置。但从用户需求的角度来说二者是不同的，展现就像公告栏里的优秀员工照片，依赖仪式感实现激励；流量分发则是通过展现转化互动量，本质上还是凭借互动激励的。

但是，用户对于展现这种激励方式，可能会因为激励不够而感知不到。毕竟展现只停留在表象，不会带来实际收益。图 6–6 是豆瓣一

图 6–6　豆瓣一刻热门作者列表

刻的热门作者列表，如果想要关注或阅读作者的内容，还需要再点击几次，不过很少有人会这么做，所以该列表仅起到展现的作用。

特权

特权是按照明确的标准，将特殊用户从普通用户中区分出来，为其提供更优质的服务，满足这部分用户更多需求，提供更好的体验。商务舱乘客可以优先登机、迅雷会员可以加速、QQ会员的昵称呈现红色、京东会员购物免付运费、百度贴吧吧主可删帖和置顶，这些都是特权，是少数或付费用户才可享受的。

提供特权服务的具体做法是，首先，把产品可以提供的服务分层，把基础的、可满足绝大部分用户需求的服务设为免费；再把需要消耗核心资源的、非基础的增值服务，有条件地提供给用户。这个条件可以是付费，也可以是要求用户贡献内容。其次，还应该公示获得特权所需的条件，在产品的重要位置和操作流程里做推广，强化用户对特权的认知，真正打造出特权的特殊性、稀缺性和尊贵感。

物质或精神，该如何选择

正确选择用户激励方式的核心是以用户需求为中心，再结合产品的实际情况，选择适合的激励模式，用尽各种方法做到极致。同时，切勿认为物质和精神双管齐下就会产生合力，效果就会更好。物质激励或精神激励，必须要选择其中一个作为重点。

一个人决定去做一件事，肯定是因为某个明确的原因。这个原因要么具备物质属性，要么具备精神属性（包括社会属性）。比如，你决定做某项工作是因为你在为公司打工，公司会支付工资，这是你应尽的义务，所以它带有明确的物质属性。再比如，当你决定为妈妈做一件事时，你不会考虑物质因素，更多的是出于血缘和亲情，你做这件事其实是源于精神属性（社会属性）。假设物质和精神掺杂在一起，你为妈妈做了一件事，妈妈不仅很开心，还付给你 100 块钱，这就会让人很不舒服。

运营是一样的道理。我们驱使用户为产品做贡献，摆在面前的途径要么是物质的，要么是精神的，一旦选择了就要坚决一些。这样便于用户对这件事形成明确的认知，比如“我是来做兼职的”，或者“让我们一起努力打造最好的社区”。如果物质和精神激励同时出现，可能会让用户感到困惑，找不到自己做这件事的根源，最终会影响用户激励的效果。

所以，在规划用户激励体系时，选择物质激励还是精神激励，对这个问题要有明确的方向。或者也可以选择有主有辅的搭配，但要明确突出主线的地位，保证用户不会产生认知偏差。

用产品思维做运营

运营分为用户、内容、活动、品牌等方向，都以产品为载体，目的之一都是提升产品数据。在这个产品为王的时代，互联网运营就等同于产品运营。那么，一个优秀的产品运营人员不仅需要具备运营素质，还需要有产品思维。做到这点并不容易，因为运营人员和PM属于不同的人才类型，尝试跨界就意味着挑战原有的思维方式和知识结构。

从目前的行业发展趋势看，运营越来越重要，运营人员也逐渐需要具备多方面的综合素质，所以产品思维就成为运营进阶的必备素质。

那么，如何才能成为一名具备产品思维的运营人员？可以从以下 7 个方面努力。

洞察需求的能力

运营的核心价值是连接产品和用户，在两者间起到黏合和拉动的作用，使产品向期望的方向发展。运营是与用户接触最多的岗位，承担着搜集用户需求的重任。但是，用户需求不等于产品需求。运营人员在与用户沟通的过程中，不能直接记录和传达用户呼声，而要对此进行分析、处理和转化，挖掘呼声背后真正的需求，将其转化为产品需求。

你应该听说过这两个经典案例：

• 在汽车发明之前，如果你问人们需要什么，答案是一匹更快的马。

• 用户要一个锤子去砸钉子，其实是他的椅子坏了。

这两个案例描述了用户呼声与真实需求的差距。在分析需求的过程中，需要深入了解用户群体的属性，再通过其传递出的信息顺藤摸瓜得出用户的真实需求，最后转化成产品需求。

以之前我做在线教育产品时遇到的情况为例。用户反馈在电脑上无法输入数理化公式的符号，导致提问或回答的操作难度大，希望在编辑器里增加公式符号。

这个需求可以实现，但我们先来分析一下用户的真正需求。这一问题的本质是操作门槛高，如果只是优化编辑器，并不能从根本上解决问题，毕竟一道问题涉及多个符号，如果在编辑器中逐一输入，也非常麻烦。所以，就算上线了优化后的编辑器，数据也不会有明显的提升。所以，这个方案不仅不能从根本上解决用户的问题，而且投入产出比也很低。

针对这一需求，最合适的解决办法是，做一个App，用户以拍图上传的方式替代传统手动输入，从根本上解决符号输入门槛高的问题。

逻辑思维能力

从某种角度说，逻辑思维能力应该是PM和运营人员差别最大的地方。因为运营适合海阔天空的发散思维；而产品强调逻辑关系，更重视条理。但实际上，运营人员也应该具备基本的逻辑思维能力，主要用于目标拆解和问题分析。逻辑思维能力可以保证思路正确，也会使沟通更顺畅和高效。

我们可以通过一个问题来了解逻辑思维能力在运营中的体现。比如：如果你对某个App的DAU负责，该怎么拆解这个指标？

拥有良好逻辑思维能力的运营人员可以将DAU通过树形结构层层拆解，并说出每一个环节的关键点。比如：DAU可以拆解为新增激活和留存；新增激活的来源可分为渠道合作、线上活动、线下地推等；而渠道又分为应用市场、合作换量……

在这个拆解的过程中，逻辑思维能力强的人会描述得很清晰，好像“金字塔”就在心中；逻辑思维能力稍弱的人会出现发散的情况，在说到某一点的时候会跳转到其他话题，偏离主线，或者会有遗漏。

成本意识

此处的成本意识是指做项目决策时，运营人员要具备成本控制和核算的意识。具体来说，就是在做运营决策之前，运营人员要计算投入的人力、物力和时间成本，还要预估可获得的收益，从而判断做这件事是否值得。

举个例子。有一天，负责对外合作的小真开心地跑来对我说：“我拿到了《荒野猎人》发布会的5张门票，到时莱昂那多也会到场呢！我们可以邀请核心用户参加，我还可以到现场做图文直播！”

其实我比她更喜欢莱昂那多，但我还是冷静地问了几个问题："我们需要做什么？怎么用这个资源？预估能达到什么效果？"

小真的建议是我们策划一个活动，让用户关注和参与，我们需要申请资源位进行推广。

按照这个活动策划方案，我们需要付出的成本如下：策划活动需要两个小时，预计UV50万/日；做直播至少需要四个小时，直播贴预计UV5万/日；推广位对外售价20万/日。所以这个活动的成本大概为20万元+近一天的人力，而活动收益是55万的UV，以及针对核心用户的特权回馈。

但直播这种注重时效性的方式并非我们所擅长的，而且也不是稀缺资源。用户已经习惯在微博、朋友圈等平台获取信息，我们之前也尝试过直播，效果一般。所以，我更看重的是给予核心用户的特权，毕竟这部电影和这个演员非同寻常，见面的机会难得。虽然只有5张票，但活动的指向用户是近一万人的核心用户，即使用户没拿到票也已经参与了活动。所以，最终方案是不做直播，而是重点做好活动策略，用好推广资源，目标是UV翻倍。

在这个案例中，通过对成本和收益进行预估，对活动方式和效果有了较准确的认识。直播虽然受众人群广，但效果不佳；现场参与虽然名额少，但效果可以放大，所以值得做。

运营人员在熟练运用这种成本思维之后，就不需要再做这么细致的分析，而是很快就可以做出决策。但无论如何，这是分析问题的重要一步。

场景化思维

在移动互联网时代，场景化思维是在产品设计阶段需要具备的重要素质。对于产品运营来说，场景化思维也非常重要。我们可以将运营手段融入场景之中，满足用户的细分需求，提升用户体验。

例如，你去看《超能特工队》，取票后发现离进场还有半个小时，于是就在休息区等待。当你正无聊地刷朋友圈时，收到一个电影App的推送，提醒你这部电影结尾有彩蛋，并且介绍了一些故事背景。于是，本来也无事可做的你捧着手机看完了这篇文章。

这个案例的可取之处在于，细致地分析了用户使用场景，并做了对应的精细化服务。也就是说，让用户在没有被剧透的情况下，了解到电影的看点，相当于提前做了准备功课。从需求分析、策略制定、内容准备，到数据监控，这些都是由运营人员发起并执行的，而且在此过程中很好地运用了场景化思维，提升了用户体验。从某种程度上说这算是差异化服务，属于核心竞争力。

这个案例展示的是一个很细节的服务。每个App都可以通过运营手段，做到这种场景化服务。所以运营人员需要具备分析需求的能力，先列出几个核心使用场景以及对应的服务，然后再将服务常规化、产品化。

用户体验意识

用户体验并非只局限于产品设计，而是贯穿在生活之中。运营的很多细节也在强调用户体验，有的甚至可以影响最终效果。

在运营的执行过程中，标题、配图、活动规则、沟通方式，甚至文案上的每个字都关系到用户体验。为什么大家经常在头脑风暴时说得很精彩，但活动落地后的效果却很平常，就是因为在执行环节出了问题，很多细节处理不当，负面效果累加后影响了最终结果。

我们以淘宝客服为例。一个合格的在线客服，回复顾客的字数要比对方多，这就是一种很好的体验。用户写了一行字，客服回答两行字，热情的服务态度就是从这样的细节中体现的，如此方能提升用户满意度。

流量思维

从PM的视角看，产品中每个模块的流量、每个标签的点击率、每一步操作的用户流失率都是有具体数字的。这就相当于把整个产品看成一个大水池，我们不仅知道里面一共有多少水，也知道每个小池子里有多少，还要知道从大池子流向小池子时会损失多少。

与PM不同，运营人员可能更多地关注用户、内容或活动本身，对流量不够敏感。但产品运营人员需要具备流量思维，既可以作为日常数据分析和决策的依据，也可以借此进行成本核算和效果预估，更好地把控项目的最终结果。

服务大多数用户的原则

PM的思维是遇到问题先看影响面有多大，也就是量级和占比，以此来判断优先级。这种思维方式就体现了服务大多数用户的原则。而运营人员在工作中很容易忽视这点，尤其是用户运营人员。因为用户运营人员长期“混迹于”用户群体中，每天接收各种建议、漏洞反馈和批评，时间一长，难免忘掉自己的运营身份，只是站在用户的视角去看问题。

一个具备产品思维的运营人员，应该遵循服务大多数用户的原则，有能力分辨用户反馈的需求所覆盖的群体有多大，是少数人群的需求，还是代表大多数用户的需求。这样可以保证我们对问题的判断是清晰的，不会钻进具体案例中，影响判断决策。

不再盲目依赖产品，学会运营先行

运营人员都会遇到这样的问题：好不容易想出一个运营手段，需要产品功能的支持才能实现，但由于各种原因，没能得到及时响应，导致运营不能落地，错过了好时机。遇到这种情况，运营人员一定先别急着责怪PM和RD，首先要做的应该是分析需求被砍的原因。

第一，产品和运营的节奏不同步。

产品一般有自己的节奏和规划，比如App的功能需求一般至少排期至未来一个月，其中核心功能的优先级是最高的。在这个过程中，运营人员和PM同步，为新的核心功能的上线做内容或用户方面的准备。

但除了产品和运营的无缝配合之外，运营人员也有自己的节奏，需要从其他几个分支出发，逐步推动项目进展。所以，运营肯定也会有产品功能的需求。

这些分支需求在PM眼里的优先级肯定低于核心功能，所以他们只会在保证高优先级功能完成开发的前提下，才会考虑分支需求。这是正常的，也是合理的，运营人员要正视这个问题。

第二，需求收益小或不确定。

需求永远都是相对过剩的，开发人力从来都是相对紧缺的，所以优先哪些需求要看产品战略，以及最终收益。不仅是收益小的需求会往后排，不能确定收益的需求因为风险较大也会往后排。从把控需求的角度来说，先满足靠谱的、收益明确的需求，这也是非常正常的。

以上两点就是需求被砍或被延后的基本原因。作为一个运营人员，要理解产品迭代的思路和工作方式，才能更好地把控资源，更好地规划运营工作。

运营先行

那么，在没有产品功能支持的情况下，运营人员该怎么做呢，是不是就无计可施了？

运营的思路通常是，我计划做某个项目，希望产品有相应的功能支持，就能达到某些效果。虽然项目的发起者是运营部门，但必备条件是产品功能，没有这点就无法成行。这相当于把自己的命运交给别人，无法掌控。运营人员应该能够给出多种实现途径。如果只有一种途径，运营风险就大了很多，如果行不通，项目就会直接流产。

所以，运营人员不要盲目提需求，也不要过分依赖产品，而是先行尝试，待收益可预估并且达到一定程度之后，再推动产品开发。

灵活合理地利用运营手段，达到基本可用并可替代产品功能的程度，在核心用户群体中尝试，以获得可行性印证，为之后的产品功能做准备，这就是“运营先行”的理念。

运营先行存在很多好处。

第一，风险可控。启动产品开发时，PM和RD人力就是成本，如果上线后效果不好就会造成浪费。运营先行意味着先不投入开发人力，而是通过运营手段做尝试。虽然落地形式不完美，但效果可以很快呈现，并作为决策依据。如果效果不错，那么运营人员可以明确地得出这个结论：假设有功能支持，效果会更好。

第二，更易把握时机。对于运营来说，借势非常重要，可以起到事半功倍的作用。如果某项运营措施需要借势，但因为功能开发而延后两天，可能会错过时机，那就得不偿失了。所以，为了把握时机，运营需要先行快速响应，想办法尽快上线是首选。

第三，增强信心。除非事实摆在眼前，否则任何人都有理由质疑预估效果。在产品功能的设计和开发阶段，团队中各角色都不确定上线后的效果，思路不可能完全一致，所以无法避免地会出现不同观点，只能通过头脑风暴等方式决定。如果决策不顺利，还会走一些弯路。如果运营先行，先做一些简单的尝试，把结果摆在团队面前，大家就会对此有清晰的认知，更容易达成一致，减少不必要的沟通和试错成本。

不过，运营先行也存在一些问题，在运营中要综合考虑。

第一，运营人力成本增加。在不开发功能的情况下做项目，实际上是把PM和RD的人力成本转移到运营人员身上。运营人员需要搭建团队做平台，与用户进行更详细的沟通，计算更多的数据，做静态页面或帖子替代产品功能。

第二，用户体验差。运营先行节省的开发成本是以牺牲展现形式和用户体验为前提的。有得必有失，需要权衡。

第三，执行能力要求高。运营先行要求以运营展现产品功能，所以这个过程对运营人员的执行能力要求很高。看似很小的事情叠加起来也会决定项目的成败，比如文案、沟通方式、推广渠道等。

除了以上三点可能存在的问题，运营先行是建立在一个前提之上的：老板和团队足够信任运营，愿意以运营人员的尝试为依据，通过分析效果做出决策。否则上面所说的一切就没有意义。

运营先行是一种理念，是一种意识。运营人员在执行过程中要注意以下几点。

快速尝试

一个想法从诞生到开花结果，过程中有很多步骤，但最重要的是迈出第一步。如果仅仅以没有产品落地、不能完美地呈现想法为由拒绝行动，那就没有获胜的可能性。这就需要我们在做事时，具备勇于快速尝试、披荆斩棘的精神，这是运营为先的前提。

灵活的思维方式

运营先行的理念实际上是不走寻常路，改变原有的思维定式和工作流程，迂回达到最终目的。所以，这就要求运营人员的思维方式也应该是灵活的、非固化的。

比如我们去某个地方，既可以走阳关大道，也可以走乡间小路，具体选择要看最终目的和当前条件。阳关大道虽然走起来更舒坦，但如果存在封路的可能性，那也就没什么价值了。而乡间小路虽然崎岖不平，但不受封路的约束，可以快速达到终点。

所以，解决问题的办法有很多种，我们可以把它们都罗列出来，再选择一个最可行的，而不是抱着一个不放。

关注执行过程中的细节

因为运营先行是用运营手段替代产品功能，所以运营过程中的每一步也要像产品一样，关注细节和用户体验，提升转化率。对产品来说，每个页面的设计、每个操作流程的体验都是细节；对运营来说，执行环节的文案、与用户沟通的技巧、活动规则里的说明都是细节。这些细节因素会影响最终的效果，所以需要非常关注。

选取核心用户尝试

运营先行的受众用户应该是产品最活跃的核心用户群体。原因是：

- 没有产品功能落地，或多或少会伤害用户体验。核心用户人群覆盖面小，不会影响全局。
- 核心用户对互联网产品的使用更熟练，即使体验不好，也不影响他们的完成度。

• 核心用户是最好的样本，如果能通过他们的验证，结论就会更有说服力，可推广至更多用户。

运营先行的案例

案例 1 知乎

假设你是知乎的运营人员，当你发现李开复、马化腾、雷军都注册了知乎账号，会不会有强烈的动力做一个炫酷的页面，把这些大咖放进去，类似图 6-7 所示。

图 6-7 展示名人效应的页面

这样做可以凸显知乎的价值，将分散的名人效应形成合力，对口碑传播和塑造品牌都会有很好的效果。

虽然这只是一个静态页面，不需要做功能开发，但按照运营先行的理念，运营人员不应着急去做专题页，而是先考虑有哪些方式可以满足推荐名人的需求，并找出最合理的方案。

知乎对这个问题的处理方式如图 6–8 所示，作为一个问答网站，知乎一直采用问答形式落地运营需求，如知乎圆桌、发现、话题等。推荐名人这个需求，也是通过问答来实现的。

图 6–8　知乎问答形式专题

知乎有很多这样的汇总贴，覆盖各行各业的不同话题。其实这就是专题，只是通过问答形式呈现而已。运营做这样的帖子，不用花费很多时间，更不占用PM、RD和UI资源，而且扩展性强，可多次增减。更重要的是，这种形式还能不断引导用户使用产品的核心功能，层出不穷地创造不同玩法。从这个角度来说，知乎采用这样的方式是最合理的。

案例2 猫眼电影

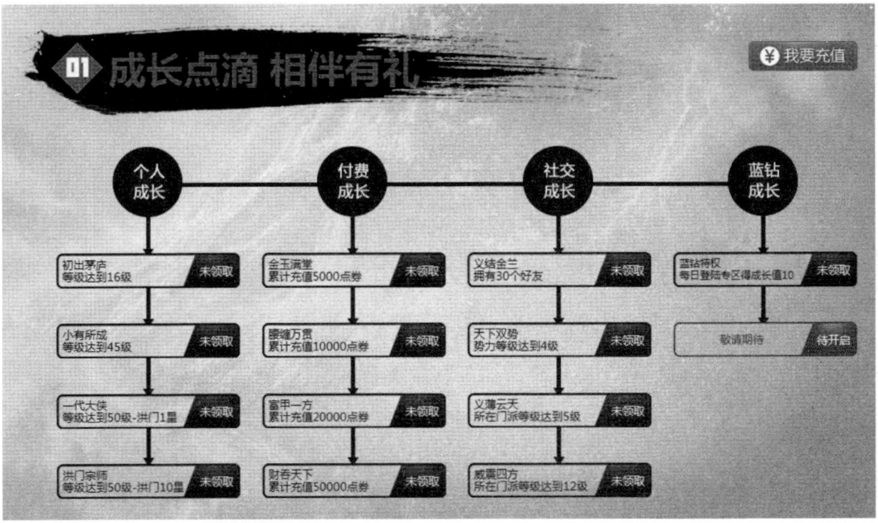

a

b

图 6–9　猫眼电影等级页面

假设你在负责核心用户或社群运营，那么你就需要设计一套完整的用户生命周期体系，其中不同等级的用户的义务和特权是不同的。最重要的是让用户简单清晰地理解这个体系，同时感受进阶时的成就感。目前，游戏类产品在这方面做得最好，因为可以做到丰富的视觉和交互效果，在升级进阶时给用户带来强大的冲击力。

但是受产品形态和开发成本的限制，一般非游戏类的互联网产品很难出到这么有冲击力的效果。猫眼电影按照运营先行的理念，选择了成本更低的解决方案：用静态页面展示等级特权，尽量优化页面设计和文案，做到简单易懂和有吸引力，保证最基础的效果，如图 6–9 所示。

案例 3 百度地图

百度地图在春节期间借势做了一个“全民抢红包儿”的活动（见图 6–10），希望提升商户的点评量。在这个可交互的活动页面里，用户只要找到有红包标识的商家，进行点评且被审核通过后，就可以获得红包。

抢红包这个噱头符合春节期间用户的情感诉求，借势很到位。用户可以直接在活动页面操作，以此作为活动流程的起点。假设没有开发人力支持，无法实现用户操作，那么用其他办法也可以达到类似的效果。

图 6–10　百度地图“全民抢红包儿”活动页面（部分）

案例 4 same

为了活跃社区氛围，引导用户贡献多样内容，same引导用户分享书影音的内容，以及在社区里打卡签到。如图6–11所示，用户只需输入电影名称，再附上简单的一句话，就可以完成分享，且呈现效果不错。用户也可以为培养自己的习惯而打卡，如健身、吃早饭、早睡等，same专门开发了打卡功能，并提供曲线图展示功能。

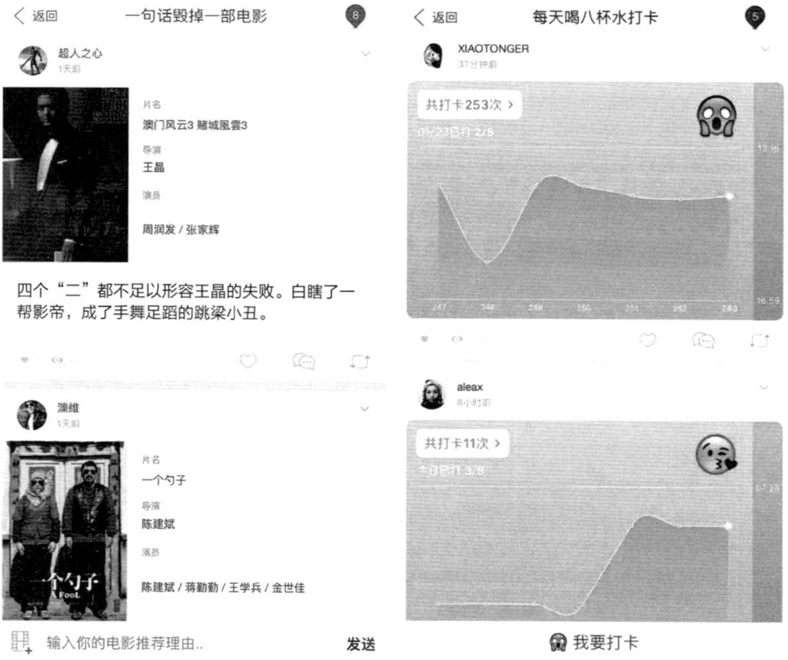

图6–11 same的多种分享形式

以上两种展现形式都非常理想，但是在没有资源开发功能的情况下，依据运营先行的理念，也可以用其他形式满足这类需求。比如可以通过论坛跟帖的形式推荐电影和打卡，实现最基本的效果。当然，这种形式可能导致浏览内容时出现不连贯的情况，比如帖子不连续，或者发布的信息不完整，都会影响阅读体验。但是通过这种方式，至少可以保证运营活动及时上线。试想一下，如果这种形式能带来可观的回帖和UV，就能印证需求是存在的，这个模式是可行的，用户有能力且有兴趣贡献内容。以此推动产品功能开发，就是顺水推舟的事了。

运营为先是一种理念，也是一种思维方式，在很多情形下都可以实行，运营人员不妨一试。

产品和运营亦敌亦友

互联网企业团队的核心角色是PM、运营人员和RD、设计师。这四者的关系分两种：

• 需求发起方和实现方的关系。比如PM向RD和设计师提需求，运营人员向PM提需求。在这里，PM和运营人员就是需求发起方，RD和设计师是需求实现方。

• 相互依赖与配合的关系。比如PM和运营人员想要做好自己的工作，就必须与对方持续、紧密的配合，缺一不可。

但是在PM和运营人员协同工作的过程中，会出现很多复杂又难以解决的问题，运营人员可能会认为PM不重视运营，自己却要为PM背负责任：

• 为什么PM做功能时从来不和运营人员讨论，功能上线后用户骂声一片，出面安抚和解释的却是我们？

• 如果功能上线后效果不错，PM在撰写效果评估时往往会忽略运营人员的功劳，但事实上，难道不是运营人员策划了引导用户的运营活动吗？

• 为什么运营需求总是优先级最低?

而PM认为，运营人员总是没能起到应有的作用:

• 运营人员什么时候才能不盯着KPI做活动?数据虽然提升了，但没人关心用户留存。有奖送礼等活动把产品搞得乌烟瘴气，氛围不对。

• 为什么运营人员不能具备一些基本的产品思维?别再提那些不着边际的需求了，那和用户直接反馈没有什么区别，我们还要花时间解释需求为什么无法实现。

• 我们需要的是引爆点，常见的小活动没有意义。运营人员应该多请一些名人大咖来活跃气氛和推广。

这些描述虽然有些极端，但很有代表性，相信很多公司的PM和运营人员都有过类似感受。因此，让这两个角色配合默契、有序运转、形成合力，并不容易。下面就说说产品和运营之间亦敌亦友的关系。

产品和运营为什么总有冲突

产品和运营发生冲突的根本原因是两者目标不一致，导致从出发点到具体执行都是两条平行线，不能拧成一股绳，无法形成合力。由此可见，将产品和运营的目标统一，是解决这个问题的关键。

从组织架构的角度来说，很多公司的产品和运营分属两个团队，由两位不同的领导负责。那么两者的目标肯定也是两个，否则就无法衡量这两个团队的价值。一般在团队分工时，都会避免工作内容和目标的重合，保证团队或个人的独立性。这样做的目的是保证员工的个人发展空间，也便于清晰地衡量工作产出。

综上可知，因为团队分工的问题，导致了产品和运营的目标不统一。除此之外，两个团队的架构也会带来其他负面效应，比如为了争夺话语权，两个团队出现对峙的情况。这种状态势必会影响决策的合理性，最终影响产品的进展。

产品和运营的冲突怎么解决

说到这里，我想以自己在百度的经历为例。

第一年，产品和运营分属两个团队负责，原因正如上文所说。虽然整体氛围不错，但难免出现各自为战的情况，运营人员做活动、维护核心用户，同时进行内容策划；PM为了不断提升转化数据持续优化产品功能。单独看任何一方的工作都是正常合理的，但双方的交集和协作很少。

第二年，为了孵化新项目，团队架构优化，每个新项目都成立独立团队，由一位PM做负责人。虽然每个团队都不到10个人，但包括所有岗位，比如PM、运营人员、RD和设计人员，可以说麻雀虽小，五脏俱全。

在这个小团队里，虽然每位成员的分工不同，但关注的目标是一样的，大家通过完成自己的任务去达成这个共同的目标：

- 运营人员关注种子用户、对外合作、预热活动等。
- PM优化操作流程、提升流量转化率。
- RD保证按照需求和时间点完成开发任务，并且尽量减少漏洞。
- 设计人员力求页面不仅满足功能需求，也符合运营的调性。

不仅如此，在每天的晨会和每周的例会里，大家会抛开自己的分工，一起讨论产品。

这个模式也有缺点，那就是只适合5–20人的小团队，不适用于规模更大的团队。因为首先，由一位负责人直线管理的成本高、难度大，沟通也不会那么顺畅，可如果增设管理层级，变成金字塔式架构，管理起来难度会更大。其次，如果团队人数增加，那么负责产品和运营的人数也会增多，这就意味着PM和运营人员分别由独立的小团队变成大团队，那时又会出现上文所说的目标不统一、各自为战的情况。

所以，小团队或小公司可以尝试上述方案。而一旦团队规模变大，就不再适用了，这也是业内推崇团队“小而美”的原因吧。

当然，大团队也不是无解，可以通过扁平化的团队架构来解决这个问题。比如，可以由一位总监同时管理产品和运营团队，这两个团队分别由各自的负责人带领。这种三层架构设置从层级上来讲是可以接受的，也适用于规模更大的团队。

产品和运营谁应该更有话语权

说起产品和运营的关系，就不得不提到话语权。决定一个团队是产品驱动还是运营驱动，有两个因素。

团队基因

团队基因主要是创始人团队带来的，所以基本等同于创始人基因。大到一个公司，小到一个小团队，这个规律都适用。所以，判断一个团队是什么角色来驱动，主要看创始人或老板。如果创始人或老板是PM出身，公司很有可能是产品驱动；如果创始人或老板是技术人员出身，那么运营可能会很弱势，难以被重视，因为技术人员崇尚用代码解决问题，而不是靠人工运营。

产品属性

不同类型的产品适合不同的团队架构，也决定了角色之间的话语权。一个工具型产品肯定是由产品驱动的，比如天气、笔记、拍照类App，即使渠道的作用很强大，也不会成为驱动方；一个O2O产品肯定是运营驱动，比如团购、到家类App。

所以，一个团队里哪个角色更有话语权，哪个角色占主导地位，从上面两个因素就可以看出。

产品和运营该怎么配合

产品上线前和上线后两个阶段的产品和运营的关系是有区别的，下面我们分别予以讨论。

产品上线前

第一步：在关于产品的功能规划以及发展方向的决策完成之后，应该将其告知团队全员，让大家充分了解信息，这对于后续执行的过程是有帮助的。

第二步：对执行环节进行规划，就是产品和运营协同工作的开始。双方应该一起参与讨论相关事项，比如受众人群、功能特点、版本节奏、运营规划等，制定一个大概的框架和计划。

第三步：按照框架计划分头行动。PM确定功能细节，运营人员准备内容、流量渠道和核心用户以及上线后的引爆点。在这个阶段，产品和运营可以暂时分离开，不必频繁协作。但由于有了前两步的铺垫，在分头行动的过程中，双方也了解对方的计划和进展，所以信息是互通的。

第四步：在上线前的准备阶段，产品和运营需要再次紧密协作，在了解彼此工作进展的基础上共同讨论大家为产品上线做准备的过程中遇到的问题和后续计划等。问题解决后，产品就可以上线了。

产品上线后

进入到产品正式运转阶段，PM和运营人员再次协同。这个阶段需要高频次的沟通，以互相推动彼此的工作。

运营人员主要关注用户反馈：

• 在做好内容、用户、活动、渠道等运营工作的同时，向PM及时和详尽地通报用户反馈，让团队了解用户对产品的反应。

• 将用户需求转化为产品需求，推动PM上线新功能。

• 提出可以大幅提升运营效率的工具需求，推动PM用产品功能的方式解决。

而此时的PM应该协助运营的规划和执行工作：

• 除了修复漏洞和完成产品需求之外，要关注运营人员的反馈。因为这是产品上线之后的用户反应，是印证之前决策的过程。

• 要关注运营人员遇到的问题，是否可以通过产品功能的方式解决。

• 关注运营措施是否合理，是否对产品的目标有促进作用。如果发现运营人员偏离目标，或者过于追求KPI，要及时与之沟通并推动改进。

当然，在产品上线前后需要做的事不止这些，我们在此仅仅指出了需要产品和运营配合的节点。由于每个项目的情况都很复杂，所以在具体执行过程中不应拘泥于上述事项。

建立用户和产品的情感关联

你肯定遇到过类似的事：

• 大学同学开了一家饭店，你时常会光顾，虽然没有折扣。

• 自从你喜欢的C罗（克里斯蒂亚诺• 罗纳尔多，葡萄牙足球运动员）代言了NIKE（耐克），你再也没买过adidas（阿迪达斯）。

• 在有过一次因为上菜慢而打折的经历后，你更喜欢去海底捞了。

• 因为罗永浩，你买了锤子手机。

如果把案例中的“你”看作用户，把“饭店、NIKE、海底捞、锤子手机”看作产品，我们会发现在用户和产品之间都有一个人或故事，把毫无关联的两者联系起来。这种联系是用户在心智和情感上的反应，在毫无感知和潜移默化的过程中就完成了，如图 6–12 所示。

• 你选择大学同学的饭店，不为贪图便宜，也不为味道可口，只是在决定去哪家饭店时会首先想到这家。

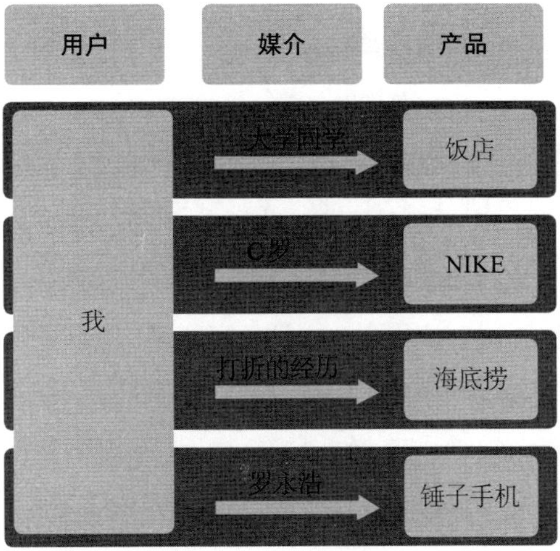

图 6–12　用户与产品的联系

• 选择NIKE还是adidas，原本是没有本质区别的。但是在C罗代言NIKE之后，你因为爱屋及乌对NIKE产生了更多好感，决策的天平就倾斜了。

• 海底捞积极解决上菜慢的问题并提供折扣，这次满意的消费体验让你对海底捞的品牌认可度更高，再次消费的机会更大了。

• 你买了锤子手机，基本等同于你认可罗永浩。在坚果手机推出之前，仅仅因为锤子手机的品质而下单的用户是少数。

以上案例的共同点是用户和产品借助媒介建立情感关联，用户因此对产品形成了良好印象和较高的认可度，最终影响决策。

用户反馈体系的意义

详细阐述一下这个观点，用户在使用产品的过程中，即使产品的情感化设计再好，用户的体验还是人机交互。从情感上来说，机器或界面是替代不了人的。试想，为什么淘宝卖家会设置客服与顾客交流？淘宝的初衷是把传统的线下交易转移到线上，线上交易的优势之一就是能够进行传统交易中讨价还价式的沟通。

但是本质上来讲，线上交易也需要人与人沟通的环节。因为这个沟通环节的存在，让买家对卖家产生了信任感，如果客服做得足够出色，还会提升买家对卖家的好感度，直接拉动持续消费。因此，对于互联网行业来说，可以利用用户和产品之间的情感关联影响用户决策，提升UV或GMV（交易量）。

虽然不能准确监控哪些UV或订单是由情感关联转化来的，但因果关系肯定是存在的。所以，在运营的过程中，必须要关注这个方向，并且有明确的对应措施。

通过运营手段建立“情感关联”的方式有三种。

第一，用户运营，即对核心用户的激励和管理工作。虽然运营的目的是提升活跃度，但因为频繁与用户沟通，可以在用户与产品之间建立情感关联。

第二，品牌推广。为了提升品牌的曝光量和认知度，需要做面向用户心智和情感的传播，这种方式也能够在用户与产品之间建立情感关联。

第三，用户反馈体系。通过站内的官方渠道或站外的社交平台搜集用户对产品的建议反馈，然后进行消化和处理，并将结果反馈给用户。

以上三种方式，从建立情感关联的效果来看，第一种方式的覆盖人数太少，第二种方式需要根据实际情况而定，而非“万金油”。因此，打造一个完整、有效、闭环的用户反馈体系，是建立情感关联的重要手段。

什么是用户反馈体系

简单来说，用户反馈体系是产品与用户沟通的渠道，是一个从搜集信息到消化、处理和反馈的闭环过程（见图 6–13）。这个过程不仅解决了用户的问题，搜集了产品需求，更重要的是建立了用户与产品之间的情感关联。

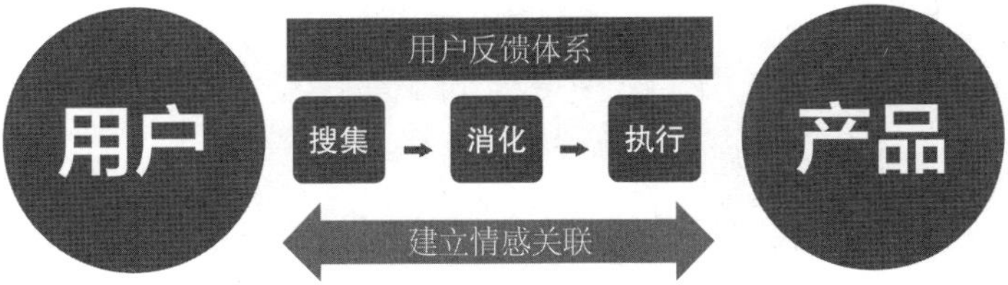

图 6–13　用户反馈体系的闭环

用户反馈体系的概念可拆解为：

- 目的：与用户沟通，处理问题、搜集建议和建立情感关联。
- 内容：用户答疑、搜集需求、处理投诉、解决漏洞。
- 渠道：站内入口、微博、微信、社区、百度贴吧、QQ、微信群、客服。

目前很多团队在进行用户反馈时，会存在以下问题。

未做主动搜集

用户反馈的来源有两个：用户提交和运营人员搜集，前者是用户主动做出的行为，需要在产品的固定入口按照固定格式提交，操作门槛高，收获信息少；后者是散落在各个社交平台的信息，用户发布门槛低，信息数量多。

所以，如果运营人员不主动搜集，就会遗漏大量的用户反馈。后果不仅是很多有价值的信息会被忽略，更重要的是如果处理不及时，会导致用户产生负面情绪，甚至引发更严重的危机。

理论上说，应该面向全网搜集反馈，尤其是少数重量级的平台，比如微博、百度贴吧、知乎，微信公众号等。

对用户反馈的回复流于格式化

用官方身份回复用户反馈的好处是辨识度高，用户可以明确知道自己的建议得到了官方的关注；坏处是回复内容受官方身份的约束，过于死板，而且有距离感。

现在是个全民“卖萌”的时代，网民更喜欢有亲和力、有趣、年轻化的沟通方式。如果遇到不能快速解决的问题，也可以用这个风格的方式与用户沟通，求得理解。

团队内部不重视

用户反馈从搜集到最终解决，需要团队内部的多个岗位进行合作，如客服、运营人员、PM和RD。如果团队内部对用户反馈不够重视，很可能导致问题得不到解决。对于RD来说，这是个插入需求；对于PM来说，需要评估需求的价值；对于运营人员来说，这是每天要做的几十件小事中的一件，无法保证响应速度；对于客服来说，缺乏其他岗位的支持就无法处理问题。

如何搭建一个用户反馈体系

下面具体说说如何搭建一个用户反馈体系。

第一步：调研

在建立用户反馈体系之前，应该首先了解之前用户反馈的运作方式和遇到的问题，在此基础上梳理团队沟通流程和明确责任人，再分析并归纳用户反馈的类型，最后确定搜集信息的平台。

我们以百度知道为例详细说明。

首先，了解已有用户反馈的运作方式。百度知道之前没有对用户反馈进行过系统搜集和处理，只是被动接受核心用户在群里的反馈，经常会遇到推进难的问题。

其次，梳理团队内部沟通流程。团队分为5个并行的方向，确定好对应的项目组和对接人。为了应对突发情况，还应明确各项目组的负责人，遇到优先级高或紧急需求，可以直接找负责人。

最后，搜集反馈平台和内容类型。在知名的大流量互动平台，搜索百度知道的相关信息，搜集用户会在哪些平台发布反馈，也可以针对少量核心用户进行一对一访谈，以免遗漏。

按照这个方法，确定百度知道的用户反馈平台有：站内反馈、百度贴吧、微博、QQ群。在这些平台抽样100条信息，可得出反馈内容的类型为，漏洞反馈、问题咨询和意见建议。

第二步：制定流程和规范

通过第一步调研，运营人员掌握了用户反馈体系所需的基本信息，接下来可以规划流程，制定规范。

流程是指从搜集用户反馈到最终解决的整个过程，如下图所示。

图 6-14

在执行上述流程的过程中需要制定具体的操作规范。选取其中几个环节举例如下：

- 信息搜集：包括平台列表有哪些、是否用官方账号互动、回复风格是什么、负责人是谁、周末是否需要值班、处理问题的响应时间等。
- 团队内部：包括各方向对接人是谁、如何界定优先级、处理周期等。
- 总结：包括各平台用户反馈处理的数量、反馈处理之后带来的收益及对全局的思考等。

第三步：推进执行

将上一步确定的流程和规范落地和执行，这是最关键的一步。这一步需要重点关注的问题很多，我们简单分析一下：

第一，需要全面和深度地掌握产品信息。用户反馈的问题覆盖产品的方方面面，所以必须对产品理解得很深很透，并且及时掌握最新动态，才能与用户沟通。

第二，用户反馈的数量很大。如果每天需要处理 20 条用户反馈，一个人就可以胜任，但如果有 100 条甚至 1 000 条就无法由一个人应对了，而仅靠增加人力是不合理的。一个可行的办法是招募用户志愿者，提供一个常见问题答疑模板，做好分工排班，这样就可以减少人力成本。

第三，用户需求分析。把用户描述的意见建议转化成产品需求，这是最难的环节，也是最有价值的。运营不能只是简单地搜集和搬运，而是要进行沟通和分析，将用户反馈转化成产品需求。举一个最简单的例子，如果有很多用户询问怎么发帖，那么潜在的问题就是发帖入口太深，产品需要优化。

第四，推进难。用户反馈的问题经过处理后会分发给各个项目组予以解决。但这些用户反馈对于各项目组来说都是计划外的事，很可能对KPI没有直接帮助，所以在解决问题的过程中，会遇到响应速度慢，甚至推卸责任的情况。这一问题的解决办法是，在制定规范时先取得领导的认可和确认，并在每个项目组明确唯一的对接人和处理问题的响应时间。

第五，团队认可。仅仅由上而下推进项目并不算健康，而且领导也不会长期持续地关注这件事，所以就需要整个团队成员的认可，这样推进起来才会更顺畅。解决办法是，多做分析和总结，并且把处理反馈的实际收益告知各个项目组，让他们明确了解自己的劳动成果。

第四步：传递价值

把用户反馈体系看作一个项目，想要衡量其带来的价值，就要做好分析总结，整体分析用户反馈体系带来的价值，并且传递给用户和团队成员。总结的内容包括如下几个方面：

• 整体数据，即处理反馈的总量，是指在单位时间内处理了几个平台的多少条用户反馈，覆盖全部用户反馈的占比、环比等数据。我们做任何事，都要从整体把握量级，所以要了解数据。

• 具体收益，包括可量化和不可量化的收益。可量化收益是指针对用户反馈而做的产品或运营改进，从而带来的核心指标的提升。如果没有发生这样的情况，也可以统计出因为用户反馈而做出的改进次数，因为被采纳的需求就是有价值的。不可量化的收益，比如用户反馈的数量在减少，这可能是因为用户反馈处理得及时，解决了用户的问题，修正了产品不足，所以反馈的用户少了。

- 整体分析的结论。负责用户反馈体系的运营人员可以从整体上分析用户的建议，洞察里面有价值的信息。以下列举几种情况。

询问某一类问题的用户增多，意味着需求凸显。比如用户询问如何保存App里的图片，说明用户对近期的图片内容很感兴趣，并且有收藏的需求。因此，不仅可以做收藏的功能，还可以考虑投入更多资源去做这个模块。如图 6–15 所示。

图 6–15　从问题中提炼需求

如果用户反馈账号被盗的情况增多，要确认是因为最近有新的“犯罪团伙”，还是因为账号模块有漏洞。查看这些用户投诉的内容，找出共同点之后，尽快反馈给PM处理。如图6–16所示。

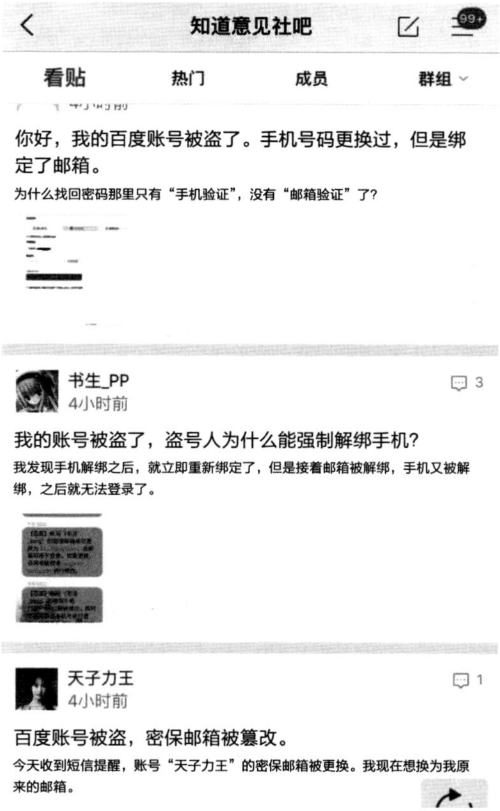

图6–16 总结投诉点

新版功能的决策失误。如果在新版上线之后，有很多用户投诉同一个新版优化功能，那就需要尽快与PM一起复验这个版本，如图6–17所示。

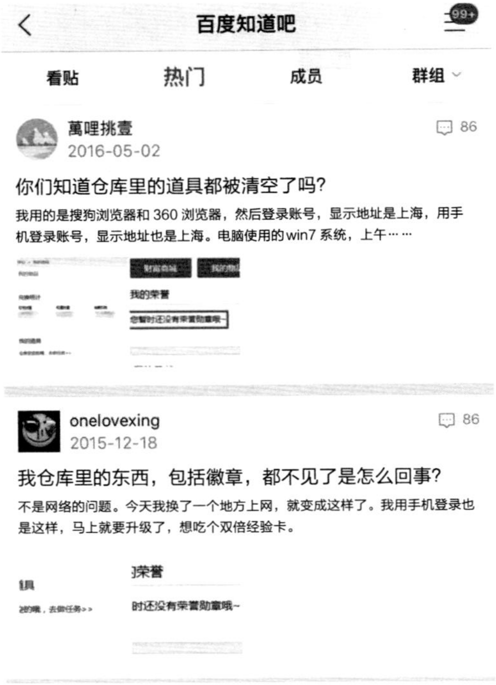

图 6–17　新版反馈

用户反馈体系是一个很不起眼的项目，不仅收益不明显，而且会耗费很多人力，所以很多团队喊着“用户至上”的口号，却没有真正行动起来，去搜集和处理用户反馈。想要做好这事，必须从上到下都足够重视，将用户反馈体系融入日常工作流程之中，这样才能更好地落地和推进。

生活中的用户体验

产品思维不仅体现在工作中，我们生活中的某些现象也可以用产品思维解读。

我家附近的一个公园因为环境适宜成为跑步爱好者的圣地。我在那里发现了一个有趣的现象：很多跑步爱好者在一组扶栏上压腿，做准备活动，但扶栏上却清楚地写着“请勿健身压腿”。

于是我发了这样一条朋友圈：“在公园看见一帮人在写着‘禁止压腿’的扶栏上压腿。”没想到这条消息引来好多有趣的回复：

- 运营引导得不好。
- 产品不好，应该装上刺。
- 标语不解决问题，需求和自行解决需求的条件是存在的。
- 应该写：注意，有电！

虽然这些都是朋友们的调侃，但这个标语确实没起到劝阻压腿的效果。这和运营有很多相通点，可以用运营思维解读一下。

用户会自我探索解决需求的方式

压腿这一行为背后的需求是什么呢？跑步之前大家都会做热身活动，压腿是其中一项，这就是客观存在的需求，并且是大多数跑步爱好者的需求。

需求既然存在，就要有合适的释放方式；如果没有，需求就会找到其他释放途径。这就像山洪呼啸而来，如果有一个河道让其流入是最好的解决方案；如果没有，山洪也会开辟新的河道。

案例结论：只要用户需求存在，就一定要释放。即使没有现成渠道，用户也会创造渠道去解决需求，不会被细节因素阻碍。

在互联网行业中，也会发生用户在使用产品时，通过自我探索而释放需求的情况。这种情况一般都在预期之外，是无心插柳之作。

比如设计一款产品并不是为了满足某个需求，但在后续的运营过程中，这个需求却意外凸显，并且形成一定数据规模。这是因为用户需求原本就是存在的、旺盛的，只是之前尚未被发掘，或不在预期内，但用户需求会自发地寻找释放渠道。

豆瓣小组就是一个典型的例子，原本只有传统的发帖回帖功能，后来却出现了附带线上讨论线下活动等多个功能的小组。

网易跟帖也是类似无心插柳的产品。最初因为网易新闻和专题的调性聚集了一批用户，他们发言的需求很强烈，在跟帖模块释放出来。网易借势做了跟帖产品的优化，如盖楼的形式。随着氛围逐渐形成，跟帖模块的影响力越来越大。在这个过程中，运营人员并未做强干预或引导，只是负责审核监控而已。

网易跟帖的规模化和品牌化进程都在预期之外，甚至盖楼的玩法也并非产品设计的初衷。从本质上来说，这正是用户需求的释放。

以更高视角从整体上看问题

在发现压腿现象之后，我们要进一步分析，为什么用户选择在扶栏压腿，找出背后的真实原因。

简单来说，原因就在于扶栏所处的位置。扶栏在公园入口附近的跑道旁边，距离存包处也只有 30 米。所以，大家在这里集合和热身时，如果看到一组高度合适又很结实的扶栏，选择在此压腿就很正常了。

说到这里，我们发现这件事的发生是理所当然的。在了解背景信息之后，我们就看到了事情的全貌，这有助于理解用户行为，分析其中隐含的本质原因。

案例结论：在分析问题时，不应错误地认为自己看到的就是事件全貌，凭借片面信息武断地下定论，而是应该以更高的视角从整体上看问题，这样才能获得靠谱的结论。

我们在谈论某个产品时，很容易在信息量很有限的情况下侃侃而谈，轻易给产品定性。其实，如果仅靠对重要功能，甚至一些交互细节的了解，并不能掌握产品背后的决策因素和迭代计划。

比如大家经常拿来比较的百度知道和知乎。知乎刚崛起时，大家经常对这两个产品加以对比，甚至知乎创始人周源和黄继新都发表过自己的看法。最近这种比较少了很多，因为知乎已经很有影响力和品牌辨识度了，大家不再觉得有对比这两个产品的必要。

在我看来，这两个产品除了都是问答形式之外，没有其他共同点，从定位、受众，以及所承担的使命来说均是如此。这就像篮球和排球都是用手打，但我们很少去对比这两个运动哪个更好，因为这种比较没有意义。

从互联网从业者的视角来看，知乎是大佬都会用的高优内容社区，代表着一种调性，甚至是身份的象征。甚至刚毕业的年轻人都认为做产品就应该以知乎为标准。我面试过的一些大学毕业生都是张口知乎闭口豆瓣，这些都代表了这个人群对这个产品的印象。与此同时，部分喜欢知乎的用户可能会认为百度知道相对简陋和原始，受众人群层次低。

如果我们站在更高的视角去比较二者，会有新的发现。

产品越大，难题越难

把百度知道各个端的流量加在一起，UV肯定超过两亿，每天贡献答案的用户就有几十万。正因为有这样的量级，所以百度知道会遇到更多更难的问题。比如，很多公司会在百度知道做营销，方式是在问答中植入品牌，这已经是存在多年的很成熟的产业链。百度知道的应对办法就是做好反作弊策略。但防范总是被动的，而且受到利益驱使的公司，作弊方式层出不穷。反作弊策略即使只有1‰的误伤率，影响的用户量也很大，所以这是个难点。

知乎在发展之初肯定不需要过多关注反作弊，毕竟尚未达到那个规模。但最近在知乎上做营销和在答案中作弊的情况越来越多，知乎也开始投入越来越多的精力应对。

量级越大的产品，遇到的问题就越难解决，这不是初创产品能想象到的。

产品使命决定成长轨迹

虽然百度知道和知乎最初的产品形态都是问答，但两者的使命是完全不同的。

知乎的目标是打造一个优质的知识型社区，鼓励各行业的人分享自己的“认知盈余”，是一个独立的产品。

百度知道是从百度搜索衍生出来的产品，最初目的是更好地满足用户搜索体验。因为发现用户的提问需求很大，所以百度做了一个问答产品，这样能保证搜索和内容的匹配度更高，让效果更可控，同时还能让流量留在百度产品内，这是百度知道的产品使命。

产品定位不同

根据产品使命，我们可以看出百度知道的用户人群和百度搜索的契合度很高，更大众化而非高精尖人群。所以百度知道的内容定位是日常生活中常见的、有准确答案的问题，比如感冒了怎么办、糖醋排骨怎么做等问题；提问者对于回答的需求是快速、准确和专业，别绕弯子、不做解读、不延伸，直接写出答案即可。

知乎的问题更像是通过提问引出的一个话题。这类问题的特点是开放的、讨论型的，没有固定答案，也不追求一个最终答案。比如，旅行真的能使人改变吗、如何看待XX现象等。

说到这里，你是不是也觉得百度知道和知乎没有比较的意义。只有从整体上看问题，才能看到事情的全貌，抓到本质。

别指望用户看文案

回到在公园扶栏压腿的案例，这么多人都在这里压腿，真的是他们个人素质不高吗？我觉得不是。

大家都在这里压腿健身，除了需求的原因，还有一种可能，就是根本没看到这句文字提示。

我们再看一个案例，如图 6–18 所示。在商场里摆放这样的设施，同时提示“请勿攀爬”，简直就是“反人类”。首先，顾客走累了，必然就有找座位的需求，而这个设施与用于休息的座位相似度很高，顾客坐上去也很自然。

图 6–18　商场的观赏性摆设

其次，这两个卡通形象对儿童的吸引力太大了，再加上这个台子的高度正合适，如果是儿童可能一下就爬上去了。

在这样的情况下，“爱护公物，请勿攀爬”的文字提示几乎不会起到任何作用。

案例结论：用户更关注需求的解决方案，在非阅读环境下，文字提示很难引起注意。

运营人员在做活动时，通常都要传递很多信息，比如主题、形式、起止时间、奖励标准、获奖通知方式、奖品等。这些信息一定要在页面上呈现，甚至放在二级页面也是可以接受的，但是用户肯定不会全部看到，甚至看到其中的1/3就不错了。

对于一个活动页面，用户关注的思路和优先级是这样的：首先，用户最关注自己的收益，也就是活动的奖品是什么，参与之后有什么收获。其次是活动类型，也就是这个活动是做什么的，然后得出结论类似于“外卖满减”“转发微博得奖”“砸金蛋赢代金券”等，对活动有一个整体的认知。最后，用户会大概看一下参与方式，但一般不会细读活动介绍，而是依赖于页面上展现的形态，比如，看到转盘，就点击Go（开始）；看到“满200减50”，就点击“现在购买”；看到“抢红包”，就点击红包的标识，等等。

大多数用户只会走完前三步，如果顺利，就成功参与了；如果失败，用户就会放弃。所以，前三步涉及的元素是决定活动成败的关键，相对来说其他的细节就不那么重要了。

当然，还是有少数人会走到第四步：认真研究活动流程、要求、时间、评奖及发奖等信息。这部分用户属于活动运营的目标人群，比如明星的粉丝，他们会克服很多操作上的障碍参与活动，支持自己的偶像。

通过以上分析可以看出，大部分用户的关注点仅限于前三步，与文案相关的只有活动的slogan或一句话介绍，剩余90%的文字信息都可能被用户忽略。所以，活动策划的关键在于前三步——活动类型、用户收益和参与流程，要投入重点资源和精力设计好这些环节，其他信息都可以弱化处理，不必过多关注。

小黑板

1. 传统的用户调研方法存在很多问题，有可能影响最终的结论。运营人员在做用户调研时应该与大量用户进行沟通，并且亲自体验用户可能会做的每一件事，同时还要研究行业和竞品。

2. 只要能很好地利用用户预期，并在产品上实现，就能让用户感到满意，用户自然会爱上这个产品，这对项目本身的发展也有顺水推舟的作用。

3. 构建用户激励体系需要先从用户需求出发，再选择合适的物质或精神激励模式。

4. 灵活合理地利用运营手段，达到最基本可用且可替代产品功能的程度，在核心用户群体中尝试，以获得可行性印证，为之后的产品功能做准备，这就是运营先行的理念。

5. 用户在使用产品的过程中，即使产品的情感化设计再好，用户的体验还是人机交互。从情感上来说，机器或界面是替代不了人的。因此，利用用户和产品之间的情感关联，可以影响用户决策，提升用户访问或交易量。

第七章

运营进阶的建议

运营的四个发展阶段

运营的职业发展阶段至少可以分为入门期、新手期、困惑期和转型期。每个阶段都有不同的特点，也面临着不同的难题。

第一阶段：入门期

总有朋友问我，运营怎么入门，需要学习哪方面的知识，怎么才能找到一份运营工作。这些朋友大多是学生，或者是其他行业的从业者，对互联网运营感兴趣，希望从事这方面的工作。他们就典型地处于入门期阶段。

对于这些朋友来说，他们并不了解互联网行业和运营岗位的具体情况，也不知道自己适合哪个领域的什么类型的运营岗位，只是停留在兴趣阶段。所以，从零到一是最难的，因为不知道第一步该怎么跨出去。

千万不要认为读过几本书、看过几篇“干货”文章、听过几次“牛人”的分享、参加过几次培训，就可以入门了。这些只能帮助你了解大概，听别人讲和自己体会在运营这个领域是有天壤之别的。打个比方，即使看过几千部电影，你也不知道怎么做导演，仍然只是一个影迷。影迷和导演的差别，就像没入行的互联网爱好者和运营从业者的差别，也是用户视角和专业视角的差别。

只有真刀真枪的实战，真正地遇到问题并解决问题，才能真切地学习和感受运营。所以，别再犹豫了，别再找捷径了，别再试图学习书本上的技能了，去找一份运营的工作吧，先干起来！

找工作的时候，不要过于计较公司和职位，选择一个适合自己目前情况的就可以。如果你个人条件好，能找到百度、腾讯、阿里巴巴或者其他优秀的创业公司，那当然最好；如果暂时没有这个机会，可以先选择一个愿意接收自己的公司，目的是先找到实践机会。

在工作过程中，可以学习找到相关的知识，也可以判断自己适合哪方面的运营工作，为未来的职业发展找准方向。只要迈出了第一步，以后再跳槽就会相对容易很多。

在选择新工作的过程中，很多朋友希望能考虑周全，得出所谓的最佳答案。但我觉得，在没加入一个公司之前，很难了解真实的情况，就算用再多时间，咨询再多人，也解决不了这个问题。我的建议是，预先设置几个条件，只要某个职位可以满足这些条件，就可以考虑。

不用过于担心选择是否正确，作为一个新人，去任何一个公司工作，都可以收获很多。况且，这个选择也并非不可逆，万一遇到意外情况，随时可以跳槽。这里不是让大家随意跳槽，而是想说明选择新工作时没必要顾虑太多。

第二阶段：新手期（从业 0–2 年）

在入门之后，运营人员就开始了从新手进阶的过程。但我认为，从业经验在两年之内的运营人员，基本上还处于新手期。因为一个完整的互联网项目从决策立项到开发上线，再到后续的运营推广，在大公司至少需要一年时间。再加上前后积累准备的时间，运营人员花费两年经历一个项目是很正常的。

处在这个阶段的运营人员大部分时间都在打杂，也就是负责项目中非常具体的、执行层面的工作，并且非常琐碎，基本上不具备连续性和策略性。在持续一段时间之后，有些运营人员不免感到迷茫，开始担心重复性的工作并没让自己成长起来，对今后的职业发展不利。

另外，重复和杂乱的工作内容会让运营人员看不到希望，担心运营岗位是没有价值和前途的。再加上运营的薪水和地位普遍低于团队的其他岗位，所以可能会导致士气低落，影响日常工作。

我认为，这些问题确实普遍存在，但不是没有解决的办法。

不要忽视身边的每一件小事

既然是新人，工作内容肯定相对基础，运营人员首先要正视和接受这一点。但这些看起来琐碎的小事并非没有价值，而是非常重要的知识和技能积累，就像建大楼之前打下的地基。

对各个方面均有所涉及，是对自己运营知识体系的填充。因为只有真正做过，才知道怎么能做好、哪里容易出问题、关键环节是什么，这些都是为了以后负责整体项目做准备。所以，认真做好每一件事，分析事情背后的逻辑、寻找可以优化提升的空间、总结规律和技巧，这些都会变成有用的经验。

别认为运营人员的地位低

有朋友认为，运营人员在团队里的地位低，尤其是不如“改变世界”的PM，这个看法非常片面。刚入行的PM每天处理的同样是很琐碎的非重要需求，有时甚至就是弥补之前的漏洞。好不容易涉及核心功能，自己也不能做决定，还是要听上级的。也就是说，无论PM还是运营人员，在新人阶段都无法避免基础工作，所以无须盲目崇拜PM的光环，现实并不是你想的那样。

不过团队中各个岗位人员的话语权确实不同，这和公司或创始人的“基因”有关，很难改变。选择了公司就相当于选择了相应的环境，我们能做的就是努力去接受和适应，尽量发挥自身最大价值。

即使公司不够好，也不影响个人发展

不必因为公司或项目不好，担心自己没有学习的机会。我认为，参与过一个失败的项目反而是值得庆幸的，因为你知道一个项目是怎么“死”掉的，在这个过程中的感受和经验是非常有价值的。

如果你所在的项目很成功，从一个新人的视角来看，可能每个决策都十分正确，就好像这是“本来就该发生的”，但是决策的过程和领导的视野是你完全感受不到的领域。当你独立负责项目或创业时，会发现这些成功经验意义不大。因为成功是需要很多前提条件的，而这些前提条件你不可能全部复现。

总之，作为一个从业经历为零的新人，远未到查漏补缺的时候，对所有经验都应该照单全收。同时，尽量把精力都专注在自己的工作上，对公司的战略或发展方向不必过分担忧。

不管大公司还是创业公司，适合自己最重要

对新人来说，大公司和创业公司哪个对职业发展更有利，要根据自己的具体情况而定。我曾在三个处于不同发展阶段的公司就职，有一定发言权。

创业公司的工作状态更加充满激情，不强调分工和流程，谁行谁就上，处于野蛮生长的阶段。新人在这个环境里的工作范围更广，可以学到更多东西，工作能力能够获得更全面的锻炼，抗压能力会更强。

在百度、腾讯、阿里巴巴这种成熟的大公司，可以学习系统化的工作方法，可以掌控的资源更多，内部培训也很多，身边的同事都是顶尖的人才。在这样的公司会更迅速地达到职业生涯的新高度，公司的品牌也会为你背书，跳槽的时候会更容易。当然在大公司也有缺点，适应了大公司环境的年轻人，跳槽以后可能会难以适应流程不太规范的新环境。

所以，应该选择哪一类公司，需要结合自身的条件和喜好。如果有机会，我建议先去大公司“镀金”，以后可以视情况再做打算；如果暂时去不了大公司，选择创业公司也没问题，只要努力工作三年，个人发展不一定会差，到时可以再去大公司。

第三阶段：困惑期（从业 3–5 年）

处于困惑期的运营从业者，大多是团队里的中流砥柱，是上级的重点培养对象，也是新人工作的榜样。

让他们困惑的是，自己似乎没有一技之长，仍在一线做执行工作。而且虽然自己明显比新人更有经验，地位也更高，但并未带领一个团队，在实际工作中发挥的作用也与新人的差别不大。这就像参加马拉松比赛，虽然自己是先起跑的，却慢慢发现自己和后来者在一个方阵里，并没有拉开距离，所以不免对前景感到迷茫。

其实这是一个从量变到质变的过程，是每个人都要经历的，只是时间或长或短而已。对处在困惑期的运营从业者，我有以下四点建议。

拓宽看问题的视角

大家在平时的工作中，要先做好自己职责范围内的事，然后多关注这些工作背后的逻辑，试着思考上级要求做这些事的原因是什么，是不是有更好的解决办法。运营人员通过这样的思维方式努力拓宽自己看问题的视角和培养大局观，也可以很好地了解项目全局。

比如，你所在的产品是一个UGC平台，用户运营是工作的重点。有一天，上级让你去接洽多家第三方内容提供方，促成资源共享与合作。在接到这个指令之后，首先，要想办法完成这个任务，列出所有满足条件的第三方机构，然后设计合作方案并推进完成；其次，要分析为什么上级会做出这样的决策，是不是认为用户贡献内容这一方式不可行，要转变为由第三方机构贡献内容。

这就让自己从执行视角提升到了决策视角，更有利于让自己看到项目的全貌。

在一个公司至少工作两年

项目是有完整周期的，从调研、立项、开发、上线、开始运营，再到后续的迭代优化。虽然互联网追求快字当先，但完整的项目周期其实并不短。当你中途加入项目时，可能处于项目某个中间环节，没办法宏观地感受项目全貌，接收到的信息量比较小，直观感受也会很片面。

因此，我建议在一个公司至少工作两年，否则你会发现，由于经历项目的时间太短，缺失的信息太多，连一个项目总结都很难写清楚。更重要的是，经验是感性的，要去亲身感受才能有收获。

除此之外，经常跳槽还会让自己陷入困惑。因为你可能在短时间内做了很多不同的工作，却没有足够的时间去深入研究和印证，导致不知道哪个领域或方向是自己擅长的、喜欢的。

找到自身价值，培养一技之长

这个阶段的运营人员已经入门，并有一定的经验积累，所以找到自身价值、培养一技之长就成为当前的重要任务。这里的特长是指在某方面能力突出，是自己在别人眼中的亮点和标签。

对于公司来说，对一名员工委以重任需要有足够的理由。无论哪家互联网公司都不会因为某个员工从业时间长，就提供更好的职位和更高的薪水。你需要有自己的特长为公司出力。你可以是特别擅长沟通合作、人脉广泛的商务型人才，也可以是嗅觉敏锐、文字优美的内容型人才，还可以是有很强组织和规划能力的管理型人才。只要有特长，就一定可以找到自己的位置。

抛开公司职位来说，运营人员在这个阶段也需要给自己一个明确的发展方向，也就是要清楚地知道自己喜欢什么、擅长做什么、机会在哪里，然后努力去突破自己。

增加跨行业交流的机会

与传统行业不同，在互联网行业做项目，很多时候是没有成熟经验可以借鉴的，大家几乎是在同一时间向前跑，比如前两年的O2O产品。在这个过程中，谁也不敢肯定自己的想法是正确的、是唯一合理的，所以需要多和朋友交流，互换思路、碰撞观点。

这里的交流不应只局限于同行业和同类型产品，更应该去做跨行业交流。比如，你是做互联网社区的，可以向从事传统商业的朋友请教，因为做购物中心和做互联网社区有相通的地方，都需要拉新和留存用户。这样的朋友与你的知识重合度低，能为你带来更多的思路。

第四阶段：转型期（6–10年）

处于转型期的运营从业者大多是大公司的中层或者小公司的高层，拿着不错的薪水，带领一个团队，不再做一线的执行工作。在上级明确方向的基础上，他们可以独立制定目标、规划策略和组建团队，并对最终效果负责。这个角色的价值就是可以将公司的决策推动落地，负责实现计划。

一般情况下，这样的中高层人群年龄在28–35岁，年龄高于互联网从业者的平均年龄，再加上大多已经结婚生子，有家庭负担，所以晋升的愿望就更强烈。但是中高层管理者晋升的难度会更大，在通向金字塔尖的路上，被淘汰的肯定是大多数人，所以总会有一批从业者遇到晋升天花板。

对于处于转型期的从业者，我有两个建议。

关注传统行业，为转型做准备

如果你只在互联网公司工作过，很可能不了解传统行业。而运营好一个实体产品比运营互联网产品要复杂得多，对运营者能力的要求也更高。

从目前互联网发展的走势可以看出，以后互联网产品会更多地与垂直行业深度结合，互联网更像是服务用户的方式或渠道，背后真正有价值的是传统行业的服务提供方。纯粹线上产品的时代已经过去。以美团和滴滴出行为例，它们都是用线上产品的形式整合了传统行业资源。做这类产品的运营，不仅要具备互联网领域的业务能力，还需要了解餐饮或出行领域的行业知识。

在这个模式中，互联网人才依然非常有价值，因为这是传统行业所稀缺的。但更有价值的人才是能把两个行业结合得更好的人，这是处于转型期的运营从业者最好的发展方向。选择这条路意味着不再吃青春饭，突破了以后可能遇到的年龄瓶颈，完全可以将事业提升到一个新高度。

打造个人品牌

在转型期，不仅要看运营人员的业务能力，个人品牌也很重要。个人品牌的影响力可以带来更好的职业发展机会、更多的话语权，也可以调动和整合更多的资源。所以，可以尝试投入一部分精力打造个人品牌，积累一段时间之后，收益就会非常明显。

打造个人影响力的方法有很多，比如在微博和知乎等社交平台发表观点、在微信公众号和今日头条等媒体平台分享经验、参与线下聚会或分享会，慢慢积累人脉，逐渐树立自己在线上线下的知名度。

当然，做这些事的前提是自己真的有别人无法替代的价值，比如拥有系统的方法论、经历或领导过典型的案例，或者对行业有深刻见解。打造个人影响力的过程，本质上是一个向外分享的过程，不带有任何功利的色彩或吹嘘夸大的成分。反之，可能会带来负面效应，那样就得不偿失了。

为什么方法论无法应用在实践中

经常有入门期和新手期的运营人员问我，他们看了很多有关运营的文章，听过很多运营相关的分享，希望能学习成熟的方法论，帮助自己快速成长，但他们发现这些看上去无比正确的理论知识很难运用于实践，这让他们困惑不已。

究其原因，要么是对理论的理解不到位，要么是在执行中出了问题，造成理论和实践存在差距。实际上，从理论到实践虽然只有一步之遥，但二者却有本质不同，跨过这道坎并不容易。

理论与客观条件不匹配

理论是适用于大多数情况的，但仍需要满足一些既定条件才能成立。

比如，有一种观点是“成功学读多了没有好处”。因为马云、李彦宏等人的成功经历是不可复制的，他们成功的经验是成功之后倒推出来的。这些理论经验的成立建立在很多客观条件同时存在的基础上，缺一不可。

所以，将理论套用到自己的项目上，你会发现虽然情况类似，但完全不适用。这就是理论和客观条件不匹配导致的。

执行是另外一个难题

即使理论可以套用在实际项目中，在执行过程中也可能出现问题，影响最终结果，这就会让我们误以为理论是没用的。

其实，“懂理论”和“会执行”是两回事，执行是一种技能，是与理论同等重要的课题。要想达到最终效果，必须理论和执行双管齐下，缺一不可。

那些只会纸上谈兵的朋友，就是因为只掌握了其中一种技能。那些只顾埋头干活，不懂提炼方法和总结规律的朋友，也是一样的。

理解的偏差

不同类型、拥有不同背景和经验的人对理论的理解是不同的。我们阅读经典书籍，常读常新，每次都有不同的感受和收获，就是因为随着自己阅历的增加，我们对于书中的内容产生了不同的理解。

所以，准确理解是第一步，实践落地是第二步。如果理解有偏差，甚至没有领会，就相当于第一步没有跨出去，第二步的实践效果肯定也会大打折扣。

以上三点就是理论无法运用于实践的原因。解决这些问题是有办法的。

构建自己的方法论

由于他人的经验与自身的客观条件不匹配，所以要有能力构建属于自己的方法论，这样才更匹配实践中的客观条件。

构建自己的方法论，其实就是对已有的理论进行吸收和重组。

吸收：在理论储备为零的阶段，应该利用各种渠道广泛吸收现成的理论，暂不做正确与否的判断。

重组：将上一步吸收的杂乱的、碎片化的信息，按照不同的纬度进行重组，在这个过程中慢慢构建属于自己的方法论。

这个从吸收到重组的过程，有点像“搭积木”。先把尽可能多的小积木搜集到面前，这是吸收的过程；再按照自己的构想，把积木一块块搭起来，这是重组的过程。

保证实践的效果

有一些非常具体的方法可以帮助我们更有效地将理论落实到实践中，并且保证最终的效果，列举如下。

即使是细节，也要总结方法和制定标准

“理论”说：冷启动时，种子用户最重要，最初的500个种子用户决定了社区的氛围和调性，所以要去找符合定位的优质用户。

“实践”说：好，怎么找优质用户？

众所周知，理论说的是没错的，所以关键环节就是怎么找到这样

的用户。分头乱找，没有方法、流程和标准肯定是不行的，对执行环节没有把控，更无法预估效果。

解决办法是，尽可能提前确定所有影响因素，尽量不给执行过程留出可能导致偏差的漏洞。这并非忽视员工的个人创造力，只是在这个阶段，执行更重要。

即使是细节，也要做好项目管理

执行环节是由一件件碎片化的小事拼凑起来的。所以，执行的关键点就是做好每一个“碎片”行为，也就是保证各个环节都执行到位。比如在上面的冷启动案例中，整体策略确定之后，就要针对后续各个环节做项目管理。

预计用三天时间完成引入 30 个种子用户的目标。时间安排如下：

- 确定 5 个引入用户的平台需花费 0.5 天。
- 联系 50 个种子用户需花费 1.5 天。
- 二次跟进并确定 30 人成为种子用户需花费 1 天。

以上计划可以把目标和工作内容精确到 0.5 天，比如周二上午找到 5 个引入平台，周二下午、周三上午、周三下午各联系 17 个用户，周四上午和下午进行二次沟通，各确定 15 位种子用户。需要注意的是，虽然目标是 30 人，但考虑到一些不可控因素，执行时可将目标增至 50 人。

严格按照这个计划去执行，结果就会更可控。如果是团队协同作战，这种工作方式就能更好地提高效率，保证每个团队成员的进度一致，共同解决问题，做到事半功倍。

运营方法论是通过主观思考得出的结论，可以用来参考，但不是唯一答案，可以直接拿来解决问题。作为运营人员，不仅要学会灵活运用已有的方法论，还要学会构建适合自己的方法论，这才是进阶之道。

如何找到理想的运营工作

新人入门需要找工作，谋求更好的发展需要跳槽，二者的时机和方法都至关重要。

找到理想的工作有很多技巧和规律可循。整体思路是，把找工作当作一个项目来运营。

- 背景：跳槽的理由是什么
- 目的：希望从事什么样的工作
- 手段：通过什么方式找到
- 结论：根据什么做最终决策

从有意向到找到一份工作，需要先后经历 5 步：启动跳槽、求职渠道、撰写简历、面试技巧、选择offer（录用通知）。我将结合自己的经历逐一讲述，提供完整的跳槽解决方案。

启动跳槽

做每件事都要有足够的理由，跳槽也一样，要想清楚再做决定。因为这关系着自己的职业前景和公司的业务发展，甚至还会影响同事，不能过于随意。

被老板批评、缺乏激情、高薪诱惑、项目进展不顺利，这些都会让人产生跳槽的念头。但跳槽的合理理由是什么，怎么判断最佳时机，我提出一种思考方式供大家参考。

有关跳槽的理由，有人认为，“不高兴就换工作，没什么大不了”；还有人认为“现在的工作升职加薪太难了，就得靠跳槽来实现”。这两种看法都很片面，但也有代表性。现在大家已经不再担心温饱问题，所以辞职很随性，很多时候会受到感性因素的影响，缺少理性分析。

我认为跳槽的原因主要有四种：成长受限、追求兴趣、团队变动和身体原因。

成长受限

在公司发展的过程中，不能保证每个岗位都适合当前员工的个人发展。如果不适合，少数公司会把员工调整到更适合的岗位，但大多数公司不会这么做，员工只能选择接受或离开。

例如，有一个执行岗位，P3 职级的员工可以胜任。一年后，该员工从 P3 晋升到 P4，能力超出了岗位的要求。如果不做调整，就会出现岗位和员工能力不再匹配的问题，员工的个人成长会受到限制。

所以，大家要对现状有准确的认知，判断自身能力和岗位是否匹配，如不匹配，就需要考虑去留。

追求兴趣

虽然跳槽要理性，但我仍认为兴趣也很重要。尤其对于互联网行业来说，从业者很年轻，而且更需要激发创意，所以兴趣的重要性就相对较高。但必须要说明的是，能把兴趣当职业是可遇不可求的，而且可能也没有想象的那么美好。完全理想的工作是不存在的，不可能每一点都满足你的要求，总要有取舍。

所以，首先尽量找与兴趣相关的行业和职位；其次，努力在工作中培养兴趣。如果这些都做不到，在工作中仍觉得痛苦，甚至影响个人生活，我的建议是选择跳槽。

团队变动

如果遇到公司业务或架构调整，导致员工没有适合自己的岗位，跳槽是正常的选择。除此之外，少数公司还有“政治斗争”的现象，高层斗争的结果会直接影响基层员工。这些由公司环境造成的跳槽是很常见的。

身体原因

曾经有一位朋友刚入职新公司两个月就离职了，因为他几乎每天都是凌晨一点下班，导致身体状况很差。

身体是革命的本钱，如果因为工作带来身体不适，甚至生病，完全有理由离开。不管是因为工作量大，还是个人承受能力差，身体健康最重要。

以上四点属于正常的跳槽理由，但跳槽理由不限于这些。如果你有跳槽意向，建议仔细思考原因是否像上述四点这样有说服力，尽量做到理性决策，降低风险。

求职渠道

在决定跳槽后，就进入求职环节。从求职渠道来说，一般分为主动求职和被动跳槽两种。

主动求职

这是最接地气和最靠谱的求职渠道，主要通过社交来实现，包括社交产品和人脉资源。具体有三类渠道，包括朋友推荐、社交平台和招聘网站。

• 朋友推荐

招聘和求职的最大问题是信息不对称和缺乏信任基础。招聘方不了解求职者，从简历中无法判断其能力和人品，况且很多简历的真实性存疑；求职者不了解公司或职位的情况，如发展空间、待遇、上级等情况。招聘网站难以解决这些问题。

朋友推荐能在一定程度上解决这些问题，因为朋友在双方之间做了信息传递和信任背书。所以，求职的时候，可以请你信得过的、人脉比较广的朋友帮忙推荐工作。这是最简单高效的方式，也是应该优先考虑的方式。

• 社交平台

经常混迹社交平台的人了解基本的互联网常识，也有自我推广能力。所以运营的供求双方在社交平台上活跃和交流，再合适不过了。

目前有代表性的社交平台有朋友圈、微博、知乎、微信公众号、豆瓣等。其中，朋友圈和微博属于泛熟人的沟通平台，适合做背书推荐；知乎和豆瓣属于社交平台，适合同行但又彼此陌生的人直接沟通；公众号是信息互通的黑板报。我们可以有针对性地利用不同平台的特点去求职，方法有很多，这里就不展开了。

• 招聘网站

招聘网站可大致分为传统网站和新型网站两种。传统招聘网站的典型代表是智联招聘、前程无忧和中华英才；新型招聘网站的代表是拉勾、猎聘和boss直聘等。

就互联网行业来说，不建议使用传统招聘网站。因为海投的用户太多，会淹没你的简历。另外，简历一般是由公司的HR（人力资源）负责接收，但面试过程一般由部门负责人主持，所以，新型的招聘平台效率会更高一些。

被动跳槽

人才市场上，供求双方总是在互相寻找对方，企业的需求更急迫，但找到合适人才的难度也更大，因为信息不对称导致并没有太多理想的人选。

当具备专长的人才进入企业的视线，相当于解决了信息不对称的问题，企业就会主动联系求职者，这就是被动跳槽。

上文提到的打造个人品牌在这里将会派上用场。

撰写简历

我们可以把简历看作一个产品，为了获得面试机会，最好的方式是简单直接地展现特长，并且匹配职位的要求。最重要的是，要站在简历阅读者的视角去判断。HR或团队负责人不会仔细阅读每一份简历，而是根据自己的需求去寻找对应的信息。

这个寻找的过程，就是通过简历中的关键词来定位人才类型。比如，在招聘用户运营人才时，翻到带有“负责核心用户”这类关键词的简历，HR会停下来仔细浏览。如果简历满屏都是“渠道维护”“豌豆荚”、“小米应用商店”这样的描述，HR就会判定简历不匹配，快速略过。

我们可以基于这个浏览习惯来优化简历。

首先，突出人才类型。

正因为企业在招人时有明确的筛选标准，所以在写简历时，就要明确突出自己的特点，让企业可以快速判断是否匹配。所以，在写简历之前，先确定自己的人才类型，然后再通过职位描述和项目经验打造人才类型特点。具体操作中，要瞄准一个方向，舍去无关紧要的内容。

再提供一个小诀窍，如果你认为某个职位非常重要，很希望获得面试机会，可以重点分析职位描述，得出对应的关键素质和特长，推测出工作内容。然后把简历的重心往这个方向倾斜，把与此相关的经验和项目案例都重点列出，让对方认为简历与职位是匹配的，从而获得面试机会。

其次，简历要突出亮点。

简历不是个人信息的罗列，一份只有姓名、年龄、所在地的简历是没意义的，因为没有亮点。试想一下，企业招聘人员一次看十几封甚至几十封简历，如何保证自己能够脱颖而出？突出亮点就是最好的方式。

亮点的表述必须简单直接，可以保证每一位外行都能读懂。最常用的办法就是列出阶段性成就。比如：

• 在同类产品里，用户规模是最大的。

• 从零建立社区模块，日访问用户 10 万。

• 策划和执行春节活动，拉动DAU提升并突破历史峰值。

这些阶段性成就，即使外行人也能看懂。相反，如果只提供绝对数据，未提供任何结论和概念，就是一份不合格的简历。比如：

• 组织核心用户活动，共 65 人参加。

• 引入专家 150 人，每天回答 200 个问题。

这样的描述让人无法判断，因为不理解 65、150、200 这些数字到底意味着什么。如果产品用户是百万量级的，引入 150 个普通用户是没有意义的；但如果 150 人都是李开复这样级别的用户，那又是截然不同的。

面试技巧

在完成简历之后，就进入面试环节了。面试更重要的是展现出自己真实的实力，同时也要讲究一些方式方法。

调研公司情况

在百度和微博上搜索公司名称，关注近期公司动态，主要对三个方面进行研究。

- 从公关稿可以看出公司近期的发展方向和进展。
- 从深度报道可以了解公司模式以及行业情况。
- 从微博可以看到用户反馈和评价。

调研的目的是了解公司的基本情况，不必花费太多时间。如果有问题可以先记下来，面试的时候向面试官请教。

研究职位信息

从职位描述中推测这个岗位所需的人才类型和特长。以运营岗位为例，从描述至少可以判断出职位类型，比如用户、内容、活动、渠道、品牌等方向。

了解职位信息后，面试时就可以重点展现与职位匹配的经验和成绩，极大地提升面试的效率和成功率。

搜集面试官的信息

提前搜集面试官的个人信息。通过其微博、文章或者报道，获得多方位了解，在面试时就可以有更多的交流话题，有助于拉近双方的距离。

面试过程的要点

- 不要抱怨前单位

不管对前单位有多少怨言，都不要在面试时表达。面试官不会关心之前的是非，相反可能会认为应聘者是一个容易散播负能量的人，这会拉低面试成功率。

- 记得提问

面试是一个平等的、互相了解的过程，是双向选择。因此，面试中除了面试官向求职者提问，还会有求职者提问的环节。求职者的问题基本上都与公司和职位相关，比如公司的发展阶段、产品的发展方向、职位的工作内容和要求、上级的情况、福利待遇等。除此之外，求职者也可以反问之前面试官提出的问题，听听他的观点，这样也能学到一些知识。

• 约定告知面试结果的时间

因为参与面试的人很多，很多公司不会主动联系没有通过面试的求职者，所以在面试结束时就要当面约定时间。不一定非要对方主动告知，也可以约好一个截止时间，比如，“如进入第二次面试，会在本周五之前通知”。

这样做是为了掌控好时间点，方便自己安排其他面试。因为通常求职者的面试会集中在一个时间段内，需要很快做出选择，否则机会不等人。

面试结束后的建议

• 不要在社交平台公开相关信息

我了解一个真实的案例，A公司和B公司是同行业内排名前两位的竞品，一位高阶人才同时去这两家公司面试过，也同时得到了两家的offer。这时她是强势一方，可以随便选择任何一家。但是她把A公司内部的情况发到了社交平台上，包括团队架构、未来计划，以及几个负责人的名字。

在未入职时公开团队的信息，这是很不职业、很幼稚的行为，直接影响了两家公司对她的判断。信息发布的第二天，两家公司同时收回了offer。这位高阶人才就因为一条信息，丢掉了本来属于自己的工作。

她透露的信息可能并不会给公司带来非常大的影响，但是这种不职业的行为是任何一个公司都不希望看到的。公司会认为，如果让这样的员工入职，对团队可能有更大的危害。

• 不要试图与HR较量

很多求职者在沟通offer的时候，会把HR当作对手，用一些小伎俩去争取更多利益。这是求职时最不提倡的行为之一，尤其是对初级人才来说。

首先，HR是专门和人打交道的，每天都要与求职者沟通offer。日积月累，他见识过的场面，基本可以超出你的想象。

其次，对于一个初级人才来说，实际上没有太多的资本讨价还价。当然，你可以选择不接受，放弃这个offer。这不是对新人的歧视，而是由工作能力和岗位决定的。

所以，与HR进行正常的交流和咨询是没问题的，但是不要故意欺骗或耍小聪明。在新人阶段应该更关注自身成长，我认为不必过分看重经济收益，只要工作机会足够好，哪怕工资少一些也可以考虑接受。成为高阶人才之后，就有资本去选择机会了。那时你就会发现，之前损失的那点收入根本不算什么。

• 和面试官做朋友

我遇到很多求职者，在面试后都希望互换联系方式。久而久之，我因此积累了很多业内的朋友。当时的互联网新人，两三年后都成为业务骨干。

对求职者来说也一样，别错过这个结识朋友的机会，况且对方比自己更有经验。即使这次没有成为同事，只要处于同一个行业，以后交流的机会还有很多。

选择offer

如果有选择offer的机会，可以列出所有影响你决策的因素，然后按照优先级排序，再看每个offer分别满足哪些条件，以此为依据做出选择。

比如，我的决策因素按优先级排序如下：行业、公司、职位、上级、薪酬福利、兴趣、地理位置。大家的决策因素应该都是相似的，只是根据个人情况的不同，优先级的排序有所不同。

我提供的只是一个选择offer的思路，在实际情况中可能会遇到一些难题，因为在加入公司之前是很难了解内部信息的，所以会影响对公司、职位、上级等因素的理解。这是很正常的，任何时候我们掌握的信息都是不完整的，所以在决策的过程中一定会有主观推断的成分。

对入职新人的6个建议

确定offer之后，就要入职新公司了。从入职前的准备，到入职后的适应阶段，有很多问题需要注意，以下是6点建议。

归零心态

不管你以前是什么职位、负责什么方向、带多少人、取得什么成绩，到了新公司都要从零开始。忘掉自己在前公司获得的全部，包括思考方式、成功经验、业绩地位等，真正做到从零起步。

用质疑的眼光去看待新公司的业务，不要认为哪些事情理应怎么做，那可能只是你之前的思路，并不一定适用于新公司。更不要一入职就大刀阔斧地改革，任何一个公司都有复杂的历史问题，需要花一定时间去了解后再做决策。

owner意识

不管你是负责整个产品，还是某个方向，甚至一个小活动，都必须把自己看成这个产品或活动的owner（负责人），为结果负责。

要有主人翁意识，尤其对于所谓级别不高、负责细分业务的同事来说，更要如此。owner意识鼓励大家以“自我”为中心，努力调动全部资源，为自己负责的事情服务。

从个人角度来说，这也能够锻炼一个人思考和分析问题的方式，把一件小事看成一个完整的项目进行分析，培养全局感。比如，要达成已知的目标，你需要考虑如何获取资源，通过什么运营策略获取，希望产品如何优化，风险有哪些且应对预案是什么，以及后续数据如何分析等问题。

从公司角度来说，owner意识可以调动每一个人的积极性，让项目之间形成竞争关系，可以有效指导公司内部资源的高效分配，增强团队的竞争力。

时间节点观念

时间节点观念的主要作用在于项目管理，分为管理自己和管理他人。

管理自己，即把自己当作项目来管理，把控好时间节点。每周的工作计划一定具体到天，每天的工作计划尽量具体到小时。当然，工作中会遇到很多突发情况，比如上级安排工作、同事求助等，导致计划总会被打乱。但管理自己能保证对整体进度的把控，明确知道当天最重要的事情是什么、哪件事必须完成。

管理他人的意思是，无论上下级，交予对方配合的事情，必须要给出完成的时间节点，否则这件事一定会拖延。即使是上级指派的任务，也要确认完成时间。

有时候时间节点无法准确提供，可以预估或者商定一个再沟通的时间，便于把控进度。比如，“明天下午三点再沟通进展”的意思是，明天下午三点之前必须有明确的进展，或者到时就可以得知项目完成的时间节点。

正能量

身边太多的案例可以证明，个体的负能量可以迅速传染给身边的人，同时也让自己负能量值加倍，久而久之，对自己、同事和公司的危害都很大。

负能量严重的人看问题的视角都是偏激的，只看到并夸大不好的一面。任何事情在这样的人眼里都是有问题的，都是不可行的。很多负能量严重的人比较自我，遇到问题很少从自身找原因，认为都是对方的错，责任心差，职业素养较低。容易被负能量传染的人，大多也是没主见、缺少独立思考能力的人。

正能量是一种积极、主动、乐观的心态。保持这样的状态，让人更加自信和充满活力，可以吸引同样积极乐观的朋友，工作中也更容易坚持和达成结果。

向上管理

同事之间的关系是平等的，下级向上级汇报，上级对下级管理，这是由不同职位的不同分工决定的。所以，不应该只是上级推动下级，而是应该互相推动。

向上管理的核心就是把上级看成资源库，看成哆啦A梦的口袋，从中获得所需的资源。这就要求下级更主动地做好规划，有足够的理由获得上级认可，然后获得上级支持。这是一个自下而上的沟通和推进过程，是向上管理的精髓。

双方达成共识之后，就可以分头行动：下级负责具体执行，为最终结果负责；上级负责提供资源和时间，为下级预留足够的施展空间，顶住各方的压力。上下级双方互相配合，形成合力，项目才得以更好地推动。

自我学习

我们不断学习提升，不仅是为了工作，而是要成为一个更好的自己。我总结了四个常见的学习方式，比较适合运营从业者。

提炼总结。在每天的实战工作中，养成提炼总结的习惯，找出有共性和规律性的东西，并记录下来。积少成多，形成体系，最后沉淀为自己的知识体系。

交流探讨。此处是指线下社交，多与业内有经验的人聊天，了解别人遇到的问题和解决办法，吸取成功之处，同时也试着提供解决方案。这种信息交流和思想碰撞是非常有价值的，不仅可以扩展自己的知识面，也可以提高分析问题的能力。

阅读。每天阅读一小时，每月精读两本书，并且坚持写读书笔记。

培养兴趣。个人生活全被工作占满，并不是健康的状态。培养一些兴趣爱好，比如读书、听音乐、看电影、健身等，对开阔视野、修身养性、保持正能量的状态都是有帮助的。

小黑板

1. 运营的职业发展阶段至少可以分为入门期、新手期、困惑期和转型期。每个阶段都有不同的特点，也面临着不同的难题。

2. 方法论很难运用在实践中，原因有三个：理论与客观条件不匹配、执行难、理解有偏差。要解决这个问题，就要构建自己的方法论体系，同时保证实践的效果。

第八章

团队组建和管理

从零组建运营团队

从创业公司到百度，再到美团，我都有从零组建运营团队的经历。这三个公司处于不同的发展阶段，在薪资待遇、团队氛围、人才要求、招聘渠道等方面有很大差别，因此具体的做法也是不同的。

由于团队管理涉及的范畴很广，所以难以全面展开，本章讨论的内容主要适用于5–20人的互联网运营团队，不完全适用于其他工种，或更大规模的团队。

明确团队职责和目标

根据公司的战略决策组建一个运营团队，不用过分关注决策是否正确，因为这属于领导层需要思考的事。但为了更好地执行，需要关注决策的背景信息：

- 公司的长远目标。
- 达成目标的途径。
- 现阶段的目标。
- 可投入的资源。

公司的决策是一个自上而下的过程，上级传递的信息就是以后决策的依据，所以务必保证传递的信息是准确完整的。如果接收到的信息有偏差，就会影响执行环节，最终的结果可能会偏离公司目标。

团队组建人根据这些信息确定团队的职责。按运营的方向或模块可以分为用户运营、社区运营、渠道运营、内容运营等。

需要特别注意的是，新团队的工作内容和利益不要与已有团队交叉。新团队的工作内容最好是独立的，或者是对已有团队的补充，有必要的话可以调整已有团队的工作内容来保证这一点。如果两个团队的工作内容有交叉，以后工作中的沟通成本会很高，也有可能出现冲突的情况。

公司内部冲突的根本原因不是员工自身的问题，而是团队架构的问题。最核心的解决办法不是批评教育员工，而是调整架构。所以，最好的办法是在组建团队时，就尽量避免工作内容和利益交叉。

确定团队人数和分工

决定这个问题的依据是运营模式，也就是现阶段通过什么方式来达成这个目标，据此对人力和分工做出规划。

比如，一个工具型App产品，为了提升用户黏性而做社区，运营模式是以激励核心用户贡献内容为主、策划优质内容为辅。

根据上述运营模式，我们推断需设三个岗位，用户运营、活动运营和内容运营。每个岗位的工作内容如下：

- 用户运营，负责引入和管理核心用户。
- 活动运营，通过活动的形式激励用户贡献内容。
- 内容运营，策划优质内容。

这三个岗位分别需要几个人力要根据工作量来判断。假设运营的预期只是冷启动，先让项目运转起来，而不是迅速带来几十万的DAU，那么每个岗位一个人足够，也就是一共三人。

在设置分工和安排人力时，需要注意三个问题。

把团队人数控制在最小规模

在团队建立初期，项目尚未开始，未来的运营情况只是预估。所以应该尽量把团队人数控制到最少，每个岗位安排一人即可，先把流程理顺。这么做也是在为未来留出调整的空间，无论增减，小团队的成本会低很多。

工作内容不重叠

上文案例中由三人分别负责用户、活动和内容运营。此外，还有一个可行方案，就是两人负责用户运营，一人负责内容运营。因为冷启动时用户运营的工作量会大一些，而活动较少，工作量相对不大。

但如果两人负责用户，工作内容就会重叠，有可能会影响积极性和成就感，有时也无法判断工作成果归属，不利于团队管理。所以，由三人分管不同内容是最合理的方案。

团队成员差异化组合

即使团队只有三人，也尽量做到每位团队成员个性、专长等方面各有特色。

如果我们把团队当作一个“个体”来看，那么这个人在工作的过程当中要面临各种问题，做出各类决策，所以需要具备多种素质，具备多面性格。

团队具备更多面化的综合素质，可以应对更复杂的问题。实际中遇到的情况以及需要考虑的因素会更多，对决策者的要求会更高。

发布招聘信息

互联网运营人才的招聘渠道，按优先级排序如下：

- 朋友推荐
- 豆瓣小组
- 知乎
- 微博朋友圈
- HR

这里没有传统的三大招聘网站（智联招聘、中华英才、前程无忧），因为我认为一个合格的互联网运营人才，或有运营追求的新人，至少应该具备以下特征：

- 熟悉热门的互联网产品，意味着你对该行业有兴趣。
- 会凸显自己的优势，推广自己正如推广产品。
- 熟悉互联网圈，社交能力是运营的基本素质。

所以，满足上述三点的人在三大传统招聘网站找工作的可能性较小。

我曾在传统招聘网站上做过付费招聘，很快就收到了 30 封简历，但我筛选这 30 封简历只用了 5 分钟。这一岗位的要求是求职者从事过运营工作，不限内容和年限。但这 30 封简历中没有一个满足要求，有的求职者甚至和互联网没什么关系。

原因有可能是求职者不看职位要求，随便投出简历；也有可能是招聘网站为了让付费企业满意，在求职者不知情的情况下推荐简历给企业。不管是什么原因，招聘结果都让人不满意。

下面详细说一下我常用的 5 个招聘渠道。

朋友推荐

招聘和求职的最大问题是信息不对称和缺乏信任基础。招聘方不知道求职者的情况，从简历中看不出能力和品行，甚至很多简历的真实性存疑；而求职者不知道公司或职位的具体情况，包括发展空间、待遇、上级等。这些问题，招聘网站都不能很好地解决。

朋友推荐能在一定程度上解决这个问题，因为朋友做了信息传递和信任背书，这是最简单高效的方式。缺点在于覆盖人群有限。

豆瓣小组

此处的豆瓣小组是指有几十万用户的周伯通招聘小组。该小组人气很旺，工作日发帖会“秒沉”，很适合招聘工作经验为0–3年的互联网运营、市场等人才，也包括实习生。

就我个人的经验来看，无论为百度还是美团招聘，收到的简历都很不错，而且面试转化率很高。这里有几个小技巧可以分享给大家。

• 技巧一：招聘帖由团队负责人发布

不要认为招聘只是HR的职责，这事最终的收益方和责任人都是团队负责人，所以招聘时自己必须冲在第一线。

在周伯通小组招人的优势是团队负责人和求职者可直接沟通，互动非常方便。不仅给求职者的感觉会很亲切，而且很大程度上缓解了信息不对称的问题。所以这个招聘帖，最好由团队负责人自己写，并且用自己的豆瓣账号发出。

豆瓣账号也是对信息发布者的背书。对职位感兴趣的求职者，大多也会查看发布者的个人信息，如果发布者的个人页面信息丰富，而且不是新注册的账号，求职者会对招聘信息有更多好感。

• 技巧二：迎合目标受众的语言风格

和策划活动是一样的道理，发布招聘内容时要瞄准受众人群的喜好和需求，同时也要让对方感受到文字的另一端是一个鲜活的人，这些决定了招聘帖的语言风格。千万不要简单地发布职位描述，在活跃的氛围里，这种死板的内容是没人看的。

• 技巧三：参与互动回复

如果招聘帖里再也没出现过楼主的回复，大家会觉得楼主是不会来看回复的，参与的积极性自然会降低。如果你回复得更有趣，会提升用户参与的热情，甚至还能引起围观。图 8–1 就是我在某招聘帖的回复。

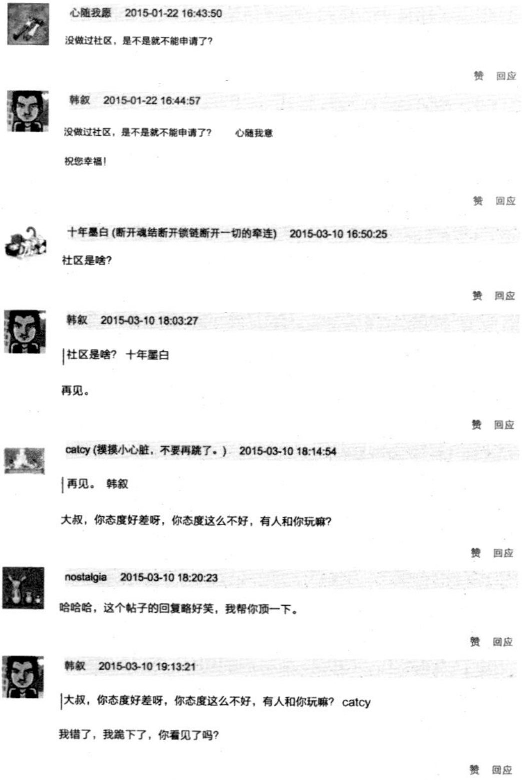

图 8–1　招聘帖回复内容

知乎

知乎作为一个优质内容平台，也是一个挖掘优质人才的渠道，这需要一双善于发现的眼睛。有一些回答、点赞和粉丝量都不高，回答质量却很高的用户，是非常有实力的。所以不能完全依赖知乎的数据和排序，要学会通过内容去挖掘更多有潜力的人。

微博/朋友圈

这点和上文提到的朋友介绍类似，都是利用人脉扩散招聘信息。区别在于朋友介绍是精准的一对一，微博和朋友圈是在更宽泛的人脉圈里撒网。

HR

HR是招聘时的重要资源，但很多时候我们并没能很好地利用。用人方应该和HR有更深度的沟通合作，消除双方的信息壁垒，才能更高效地找到合适的人。

一般情况下，HR适合招聘中高级人才。因为初级人才偏重执行，符合标准的人才量级很大，而且仅凭HR的视角，很难判断出哪些初级人才更适合团队。而中高级人才的范围就小了很多，符合要求的优质人才相对来说并不多，HR相对容易分辨和定向挖掘。所以合理利用HR资源的方式，是向HR指定公司、行业或人，进行人才定向挖掘。

面试那些事儿

所谓面试，就是用人方通过当面交流的方式，判断求职者是否满足要求。当然求职者也可以考核用人方，这是双向选择。在面试阶段，最重要的是交流哪些核心问题，这依赖于你更看重求职者的哪些素质。

我的观点是，在筛选简历的环节，选出与目标职位要求相近的候选人，原则是求职者与业务方向匹配；然后在面试环节重点考察候选人的素质和潜力。

我之前更关注候选人与目标职位的匹配度，在面试时重点交流业务，对于求职者的基本素质和潜力关注得较少。但事实证明，在互联网这个年轻人为主的世界里，在运营这个更多涉及人性的领域里，学习能力和潜力更重要。

有的员工在面试时展现的业务能力是可以达到要求的，但在入职后一年几乎没有进步；而有些没有互联网从业经验的人，却飞速进步，逐渐扛起大梁。分析其中的原因，进步快的人在学习能力、执行力、悟性等方面都很突出，而且足够勤奋，工作积极，有着正能量的心态。而原地踏步的人，恰恰缺少上述特征。

综上所述，面试时应该重点考察素质和潜力，我通常关注以下几个问题。

兴趣爱好。聊聊对方的兴趣爱好，以及对一些热门话题的看法，可以从侧面了解对方的性格和三观。

理想工作。面试时，可以请求职者谈一谈在理想状态下喜欢什么行业，希望做什么样的工作。我希望尽量让大家从事自己喜欢的工作，至少方向是匹配的。

成功与失败。聊一聊在之前的工作中，最有成就感和最失望的事分别是什么。通过这个问题，可以考察求职者是否对自己有客观的认知，也可以更全面地了解对方的优劣势。

业务能力。以当前职位为例，提问如果由求职者负责，计划怎么做。虽然求职者短时间内可能无法给出具体方案，但是通过开放性话题可以考察求职者分析问题的思路。

从面试到入职

从面试结束到员工入职这段时间，用人方还有很多事需要完成，不能忽视。

如果候选人没通过面试，记得告诉对方，不要耽误求职者选择其他offer的机会；如果候选人通过面试，需要跟进后续流程，比如上级领导的面试以及HR与求职者沟通薪资待遇的环节。要积极推进招聘的进展，缩短每个环节所需的时间。

入职后的快速融入

新人入职就像田径比赛中的起跑阶段，如果有人能助推并指明方向，可以启动得更快。

新人入职后，帮助其快速融入团队，可以做这几件事：

• 介绍公司和团队架构，让新人对团队有大概的了解。

• 介绍项目的背景，如产品处于哪个阶段，面临的问题和解决方法是什么。

• 提出对新人的预期，包括工作内容和要求，在入职第一天就明确告知。

• 团队聚餐，虽老套但很有效的破冰方式，借此帮助新人融入团队。

管理和激励团队的几点经验

在完成新人招聘之后，团队就组建好了。接下来团队负责人面临的问题就是如何管理团队，以及用什么方式激励团队成员。

我的团队管理理念是，找到合适的人，为其指明职业发展方向并给予足够的施展空间，在达成工作目标的基础上协助其个人成长。具体做法可总结为以下四点。

首先，找到合适的人。

招聘用人和“一个萝卜一个坑”的道理一样，合适是最重要的。一个P5的职位不能让P4或P6的人负责；一个用户运营的职位不能录用一位从事品牌营销的人才；一个月薪一万元的职位与期望月薪1.5万元的人才也是不匹配的。

其次，关注员工诉求。

员工一般都会关注个人成长，渴望得到公司的认可。具体表现形式有很多种，比如晋升、涨工资、优秀员工评选，甚至口头表扬。所以，在日常管理中，要很明确地为每一位员工指出当前工作对个人成长和职业发展的好处，以及对他的预期目标是什么。在明确这个问题之后，员工就会更关注远期收益，员工的工作动力也会被大大激发。

再次，对员工充分信任和尊重。

如今的互联网行业，无论用户还是从业者，“90后”都是主力军。这是一个崇尚个性和自由的群体。再加上运营是一个注重创意的岗位，所以需要营造一个相对宽松的团队氛围。

要达到这个效果，最基本的前提就是信任和尊重对方。我的做法是在关键的时间节点沟通确认工作计划，其余时间充分放权，但是对于其中的难点和关键点会重点跟进。

团队管理的核心不是约束，而是激励。过于严厉的约束会制约激励效果，影响团队成员的发挥。只要保证关键节点的进展顺畅，可以放宽对工作规范的要求，比如上下班打卡、请假、周报等。

最后，为团队发展扫清障碍。

团队成员都是专才，就像一支足球队，有人擅长守门、有人擅长进球、有人擅长防守，大家在各自领域里发挥着作用。

在团队管理中，要保护这种专注——因为兴趣专长而转化的战斗力。所以，让人头疼的会议、资源协调、向上汇报等非核心业务应该由团队负责人来做，让员工有更多时间专注于业务本身。

但团队负责人作为公司的中层，意味着夹在老板和员工之间，这可能是最痛苦的。老板的决策和压力要向下释放，而且他们一般只关注最终结果，不关心执行层面；而员工最在乎的是自我成长和经济收入。也就是说，老板和员工完全不在同一个“频道”上。出发点不同，利益点不一致，互相也不了解，没有共同语言，只能靠中层把老板的决策转化成可执行性策略，再带领团队落地，并保证最终的效果。

所以，中层的核心作用是承上启下、消化和传递，称其为团队灵魂也不为过。一个优秀的中层，可以很快地执行老板的决策，保持团队健康有效地运转；也可以向老板反馈一线信息，提出接地气的建议。

总之，团队执行力和氛围的好坏，很大程度上取决于中层的管理，在正常情况下，老板最多只能起到影响的作用，并不会直接插手。毕竟，团队协作的本质是各司其职。一般来说，一个团队中层做好以下三件事就够了。

团队建设

当我们已经决定在什么时间做什么事之后，人的因素就是最重要的。事在人为，合适的和有执行力的员工对项目的进展有立竿见影的效果，再难的问题都能克服。所以，找到合适的人，放在合适的岗位，给予合适的激励，就能产生理想的结果。

这一点在上文已有详细的分析，这里不再赘述。

传递信息

团队中层的核心作用是承上启下，主要体现为带领团队执行老板的决策，具体分为三步：消化、传递和执行。

- 消化：充分理解决策，包括背景、目的、目标等所有已知信息。
- 传递：将决策转化为可执行策略，便于员工理解和执行。
- 执行：推进项目落地执行，为最终结果负责。

举个通俗的例子，领导说在某条街的某个位置盖一栋楼，这是一个决策。团队负责人在收到这个指令后，首先要充分搜集信息，比如为什么在这里盖楼、用来做什么、什么时候建成、有什么特殊需求等，这就是消化的环节。

在充分理解决策后，先由团队负责人制定执行策略，包括预算、建筑风格、内饰、办公设施等，以及确立选择工程队的标准和流程，最后再把这些工作分工给团队成员，让大家充分了解项目，明确每件工作的时间节点。这就是传递的环节。

在完成规划之后，就要做到彻底执行。这要求团队管理者有项目管理的能力，紧盯每一部分的时间节点，参与有可能影响成败的关键环节。比如选择工程队的标准和流程，团队负责人就要亲自跟进。这是执行的环节。

或许有人会说，你一直强调中层应该传递老板的决策，这听起来好像中层就是老板的传话筒，没有自己的观点。当然不是，中层在很多方面都是不可替代的，但传递信息确实是中层最基本的价值。

优化流程

团队就像一个机器，需要各部件协同才能正常有序地运转。如果把团队负责人看作这台机器的操作员，那么他的职责就是减少内耗，提升效率。

最好的解决办法是制定和优化流程规范，让团队运转有序，提升工作效率。常见的流程规范有申请资源、产品需求、日常沟通汇报等，每一项在各个公司都是必备的，只是大同小异。团队负责人可以根据实际情况，抓住一些可优化的细节，提升效率。

比如，日报和周报的内容可以精简到极致，只需用两三句话讲述核心进展即可，完全不需要非常细致的分析。再比如，管理资源位时，可以列出全站资源位，确定每一个位置可以承载的内容类型、banner（横幅）设计规范、文案规范、时间点、内页规范等要求，并公开申请流程和优先级排序。最初制定和推行流程可能会花费一些精力，但运转顺畅之后，就可以提升效率。

对于流程规范的制定，有以下几点需要注意。

流程不代表低效

以交通规则为例，只要规则制定得合理就可以让交通状况更有序、效率更高。虽然红灯停车、左转让直行等规范看起来耽误了时间，其实花费的时间总量并没有增加。体现在工作上，道理是一样的。

流程需要不断优化

流程规范不是一天建成的。很多复杂的情况，只有遇到后才能有针对性地解决。初期可以先建立一个大致的规范，然后根据实战的情况不断优化。

所以，优化流程的思路是这样的：在解决问题之后，思考流程规范是否有问题，如果有，应该怎么优化。如果缺少流程规范，则应该尽快建立相关规范。

坚持执行流程规范

还是以交规为例，交警在执法过程中肯定会遇到很多违规人员的不合理请求。在执行工作流程规范的过程中，也会出现这种情况，因为很多人更看重面子和关系，而不是流程规范。作为规则的制定者，必须坚持执行下去。

要更加注重解决问题

运营工作的常态是，依据长短期规划和流程规范，逐步执行后观察效果，这些都是有章可循的。但在互联网行业，每天突发的新问题很多，有的问题非常棘手。这些问题很可能不在预期内、不符合任何已有流程规范、处于几个部门分工的灰色地带、没有之前的经验做参考，因此，决策的难度很大。

处理这样的难题，需要运营人员有很强的沟通能力和快速决策能力。因为每个人每天可能有十几件事需要处理，如果为此花费的时间太多，会影响重要工作的进展。

之前说了有关运营的很多事，包括用户、内容、活动、社区、产品等，这些只是从我自己的工作经验中总结出来的，所以只能代表我个人的看法。运营是以人为本，没有其他条条框框的约束。希望大家能总结出自己的运营方法论，形成自己的思维方式，最好也能把经验传授给更多新人。让运营为更多人所知，使行业发展更顺利。

小黑板

1. 团队管理理念可总结为四点：找到合适的人、关注员工诉求、对员工充分信任和尊重、为团队发展扫清障碍。

2. 作为团队的中层，需要做好这三件事：团队建设、传递信息、优化流程。

后记

我一直觉得自己比别人笨，必须要花费更多的时间，才不会落后很多。所以，在下班回家后，我会静下心来总结这一天的工作情况，比如遗留的难题该怎么处理、有没有更好的解决方法、第二天的时间该怎么规划等等，这个习惯持续了很多年。

时间长了，总结的次数多了，如果仅停留在脑海中而不付诸笔端，不仅对问题的分析不够清晰和直观，也不利于形成体系化的内容。因此我注册了一个微信公众号，把这些运营心得记录了下来。我最初并没有寄希望会有多少人关注，做这件事只是为了“利己”，所以没有做任何推广，也没有试图迎合读者的需求，对关注人数、浏览量和个人品牌都没有任何预期，只希望用自己的方式记录自认为有价值的内容。

我按照每周一次的频率更新内容。两个月之后，我突然发现微信公众号已经有了一小部分忠实读者，他们会阅读每篇文章，也会给我留言，既有对内容的讨论也有对我的鼓励。这些给了我莫大的精神激励，让我有了强烈的自我满足感，于是我更认真地总结和分享运营心得，并且将比较分散的知识点进行关联和整合，试图构建一个完整的运营方法论体系。因此，我做这件事的出发点从“利己”变成了“分享”，这让我更快乐、更有动力，也让这件事变得更有价值。在这个过程中，有了《超级运营术》的雏形。

这本书如果可以帮助大家全面和深刻地理解运营，并且掌握系统的实操方法和分析思路，我将会感到非常荣幸。但这本书不是“万能解药”。运营人在实际工作中遇到的困惑，并不能通过简单复制书中的理论得以解决。我能做到的只是抛砖引玉，分享自己的经验供同行们借鉴，帮助大家在实践中不断探索和总结，慢慢构建起属于自己的运营知识体系。这才是个人的价值，是硬实力。

回想我的10年运营生涯，就是在不断的学习和总结中度过的。无论在最初的草根创业团队，还是后来的百度和美团，虽然涉及的行业不同，团队的资源和规模各异，但我一直执着于死磕运营。

由于这是我第一次写书，而且只有夜里才有时间写作，所以这本书的写作过程持续的时间有点长，耗费了大量的时间和精力，好在我坚持下来了。在此感谢支持我的家人和读者，也感谢中信出版社的编辑朱丽君给予的鼓励和支持。

如果大家希望进行更多交流，欢迎关注我的微信公众号：运营狗工作日记。我会坚持更新自己在运营工作中的思考，让我们一起努力！